期货
投资策略
QIHUO TOUZI CELVE
——期货大作手如是说

胡 斐/著

经济管理出版社
ECONOMY & MANAGEMENT PUBLISHING HOUSE

图书在版编目（CIP）数据

期货投资策略：期货大作手如是说/胡斐著. —北京：经济管理出版社，2014.11（2024.10重印）
ISBN 978-7-5096-3450-9

Ⅰ. ①期… Ⅱ. ①胡… Ⅲ. ①期货交易 Ⅳ. ①F830.9

中国版本图书馆 CIP 数据核字（2014）第 247785 号

组稿编辑：陈　力
责任编辑：杨国强
责任印制：黄章平
责任校对：张　青

出版发行：经济管理出版社
　　　　　（北京市海淀区北蜂窝 8 号中雅大厦 A 座 11 层　100038）
网　　址：www. E-mp. com. cn
电　　话：(010) 51915602
印　　刷：唐山昊达印刷有限公司
经　　销：新华书店
开　　本：710mm×1000mm/16
印　　张：7.5
字　　数：94 千字
版　　次：2014 年 12 月第 1 版　2024 年 10 月第 12 次印刷
书　　号：ISBN 978-7-5096-3450-9
定　　价：28.00 元

自 序

　　我是一个坚定的基本面交易者，相信任何盘面的变动背后必定有深层次的逻辑在起作用。我们做投资研究的目的是根据事实和数据，利用逻辑，找准盘面运行的方向，然后进场享受胜利的果实。

　　我是浙江杭州人，正如家乡千千万万个从一穷二白到十亿百亿元身家的浙商那样，本着务实、稳定、稳健、安全的原则，采用"做生意，做企业"的方式做期货，才能取得成功。我从来不认为期货是金融，期货就是生意，就是做企业，这与在淘宝、阿里巴巴上做国内、国际贸易没有本质的区别。不论是自己的资金还是朋友的资金，我每年设定的收益率目标都是100%，达到了这个目标就放假——休息或旅游，从不贪心。

　　股票是一个没有逻辑的东西，所以我们力劝大家放弃股票，注销证券账户，转行做期货投资。根据中国人的智商和财商，所有按照基本面研究进行期货投资的人，都可以获得不低于每年100%的收益率。只要你按照本书的方法进行深入分析、合理交易，就一定可以实现。

　　未来中国金融自由化，利率市场化，金融混业经营都会全部放开。银行存款也可能不再保底，商业银行也有可能破产，在经济不确定的世界里，大宗商品投资必然成为最具广阔投资前景的一个金融分支。而中国政府推行"负面清单"、"法无禁止即可为"的政策，让更多的机会涌现出来。实现财务自由、实现财产性收入、做食利者阶层，不再是遥远的梦。

大道至简，也许本书的字数不多，但是每一个字都是实际交易经验的体现，每一个字都是实际操盘后的感悟，每一个字都有从百万元到亿万元不等资金运动后给我的反馈。我不是文学家，同时为了节约大家的时间，绝对不用华丽的词藻和无关的文字，内容言简意赅，其实无论哪一段，字多字少，重要性都是同等的，字越少的内容，有时甚至更是精华中的精华！

笔者的微博名是"胡斐–戊午"，博客地址是：http://blog.sina.com.cn/GUGO88。

胡斐–戊午　微博二维码　　　　胡斐的朋友　微信公众号二维码

胡斐（尚斐）

2014 年 9 月 25 日

大道至简

商品趋势大行情操作精要

商品趋势大行情操作精要

　　任何一次成功商品大行情都可以分解为：宏观属性交易＋基本面属性交易。农产品和化工品还有政策属性交易，但是政策也是服从在基本面里面的，可以单独列出来，也可以合并在基本面内。

　　简单有效的单一最大逻辑模型是：

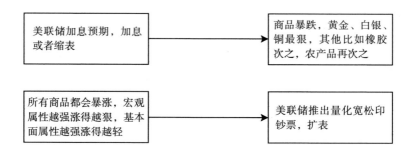

大行情定理：

宏观叠加基本面		商品行情	
	基本面多	大多头趋势	重仓多
宏观方向宽松	基本面平衡	小多头行情	轻仓多
	基本面空	震荡	空仓
	基本面空	大空头趋势	重仓空
宏观方向紧缩	基本面平衡	小空头趋势	轻仓空
	基本面多	震荡	空仓
	基本面多	容易逼空	轻仓多
宏观不明确	基本面平衡	暴涨暴跌	不参与或者轻仓搏
	基本面空	容易轧多	轻仓空

期货大战定理：

期货大战有三个充分必要条件：

（1）主力合约迅速扩仓，持仓量扩大几倍甚至几十倍。

（2）期货行业就该品种的专题会议明显增多，特别是上海、杭州连续召开相关品种的高端行情研讨、研究会议。

（3）技术面极度背离。

复杂央行宏观模型：

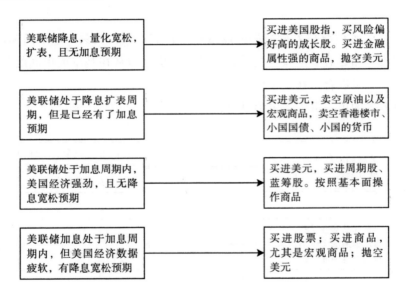

基本面与宏观面的关系：

基本面绝大多数时间都是和宏观面同向的。也即货币宽松的周期内，商品的基本面一般都会好转；货币紧缩的周期内，商品的基本面大部分都不乐观。

当某一个商品的基本面与宏观面剧烈冲突时，很难产生大行情。应该按照资金推动的超级宽幅震荡来做，行情一般持续时间都在一个年度内。跨年度甚至连续几年的大趋势是不存在的。

考虑中美欧大三角，如果美联储、欧洲、中国同时宽松（2008~2009年），则放眼全球全部做多。如果金融危机来临，货币政策没有反应（2007年底）或者美国有加息预期、欧洲负利率但经济衰退、中国无刺激性政策（2011~2014年），则一般性可以全部做空。

但是如果经济体央行政策互相对冲，比如美国紧缩，中国放水，则中国风险偏好上升，这时应买中国小盘股、买美元，不买美股。以此类推。但是仍然以美联储为最大风向标。

基本面研究要诀：

方法：

（1）自己研究。

（2）从行业网站获取数据进行分析。

（3）聘请研究员进行跟踪分析研究，一个品种需要 2~3 个研究员。配全一个研究团队需要 20~50 人。只做一两个主要品种则聘请 2~10 人即可。

（4）获取期货公司或第三方独立公司的研究报告。比如，国内的期货公司国泰君安、招商期货；外国的高盛、瑞银。然后综合二次判断这些研究报告的逻辑和结论。

（5）根据知名期货专家以及经济学家和行业专家的研究报告来印证判断。

心得结论：

（1）铜为宏观之王，宏观空，空铜；宏观多，多铜。

（2）金为美元对标，美元涨，黄金跌；美元跌，黄金涨。如果两者同向，接下来就会有大行情。

（3）银是金的影子，但是妖性和暴涨暴跌度要高于黄金。

（4）锌、铅、镍和其他小金属，基本上都是大周期循环，类似股市的周期股。

（5）黑色系金属，焦炭、矿、螺纹钢，这些都是跟标中国 GDP，特别是中国房地产。

（6）农产品：补贴完全退出之后，将会更加市场化，棉花、大豆、豆粕、菜粕，都是跟随年度供需平衡表进行年度内的波段投机品。

（7）化工品：原油价格是成本，需求几乎无明显变化。

（8）白糖、橡胶：需求端没什么可研究的，主要看供给端的变化。

商品趋势大行情操作精要

大道至简

ISBN 978-7-5096-3450-9

9 787509 634509 >

目 录

第一章　注销股票账户，介入期货投资

第一节　股票是"纯粹投机"

很多人做投资很多年，还是停留在"买进股票，卖出股票"的阶段。因为这个模式的原因，只有到处去问哪里有牛股。其实要问哪里有牛股这个问题，很难，没有人能回答。大家的理想都是"买在启动前，卖在最高点"。可惜了，事实上没有一个人实现。所有人都抱着这个想法入场，然后大输离场。为什么？很简单，市场上3000只股票，按照每只股票3个利益主体来算（事实上每只股票不只3个利益主体），就是9000个利益主体，要搞定这9000个利益主体没有任何可能。这些利益主体可能是政府、个人、社会组织、公司、家族、基金。想抓住每只股票何时启动，您不觉得这是无法完成的任务吗？

一个很简单的问题：股票市场每天都有涨停的股票，每天都有跌停的股票，这中间有逻辑和必然性吗？对于一个"纯粹靠资金拉升，纯粹靠所谓的题材投机"的市场，是没有任何经济学规律的，除非你有信息渠道和强大的社会资源。任何一个有大学教育甚至高中教育水平的人都知道，函数的定义对于一个 x，有一个 f(x) 的值和它对应，这才能叫函数。如果一个没有逻辑、完全是不确定的事情，我认为这违背了做生意、做投资甚至是做投机的基本原理。即使是投机，那么也是要有规律（函数）来决定的，没有规律，就没有逻辑，就无法推导，只能瞎蒙！

如果我这么说你觉得不信、有问题，那么我可以给你出一个简单的调研：请读者调研一下自己身边 10 个炒股的亲戚朋友，分别统计以下他前 3 年、前 5 年、前 10 年、自开户以来，这 4 个时间段的收益率。

表 1-1 收益率统计

关系人	前 3 年	前 5 年	前 10 年	自开户以来
亲友 1	√	×	×	×
亲友 2	×	×	×	×
亲友 3	×	×	×	×
亲友 4	×	×	×	×
亲友 5	×	×	×	×
亲友 6	×	×	×	×
亲友 7	×	×	×	×
亲友 8	×	×	×	×
亲友 9	×	×	×	×
亲友 10	×	×	×	×

根据我的调研，以及我微博 3000 名粉丝的调研，样本大约 3 万人，都是资深股民。数据结果是只有 10% 的人"前 3 年"是盈利的，其余的全部亏损。在亏损的比例中，巨亏（亏损幅度占投入资金的50%）的比例大约有一半。不管亏多亏少都是亏，都浪费了生命，浪费了时间，影响了心情，输掉了钱。您若不信，可以自行调研，填满这个表格，看看结果到底是怎样。或者让朋友填满这个表格，看看真实的结果到底是什么样。如果亏损的比例大，直接去销户，然

后去当地的期货公司开户，开启自己的财务自由之旅！我是个实在人，说的都是实在话！

其实像国外的对冲基金，特别是美国，总规模几万亿美元（有统计大概 30 万亿美元），管理资金规模在 1000 亿美元以上的都有几十家，它们 80% 都是投资于股指、外汇、期货、债券等期货品种，很少配置股票，比如索罗斯、桥水基金、高盛、嘉能可、Mercuria、来宝集团、路易达孚（Louis Dreyfus）。巴菲特在金融界根本不沾边，巴菲特是做实业的，好比中国的联想集团。

目前的中国，生存自由的标准是 500 万元，你不高兴时，可以当面骂你的领导，因为你不怕丢掉饭碗而饿死；旅行自由 1000 万元，可以在三亚躲避北京的寒冬，拥有自由支配的时间；生活自由3000 万元，可以去瑞士静港中心 "年轻身心"，去享受阳光、空气，住在你想住的地方；支配自由 10 亿元，你可以买模特队或足球队或者一家公司，让它按照你的梦想模式运行；财富自由 100 亿元，可以随便给女朋友的股票拉涨停，当作放烟花逗她开心，并且帮助更多需要帮助的人。

第二节　期货是产业链投资

美国著名幽默小说大师马克·吐温曾在其短篇小说 《傻头傻脑威尔逊的悲剧》中借主人公威尔逊之口说出一句名言："十月，这是炒股最危险的月份；其他危险的月份有七月、一月、九月、四月、十一月、五月、三月、六月、十二月、八月和二月。"他这么说的真实原因是：马克·吐温曾经迫于还债压力，进军股市希冀大捞一笔，但是结果屡战屡败，屡炒屡输，最终只换来一句名言。如果你觉得马克·吐温是文科生，是小说家，不是炒股票的料，你比他牛（大部分输钱的股民都是这么认为的），那么我说出另外一个人的名字，相信每个人都知道：牛顿。牛顿老师在 18 世纪（当时英国已经有了资本市场和股票，中国还没有，但是人性永远不变）炒作股票，仅仅用了一年的时间，输掉了 2 万英镑，换算成现在的人民币，大概 2000 万元。牛顿可是理科生、科学家、经典物理学的泰斗，三大力学定律现在依然有效。后来牛顿感慨地说："我能计算出天体运行的轨迹，却难以预料到人们的疯狂。"

如果说牛顿太久远了，丘吉尔，第二次世界大战时期的英国首相，在非洲把"沙漠之狐"隆美尔打得找不到北，不列颠空战直接与希特勒对抗，这人物够厉害了吧，真实的结果是：他在股市里输得稀里哗啦的，差一点破产，实际上已经破产了，没宣布而已。美国的篮球巨星乔丹，民国的人物蒋介石，新古典经济学的鼻祖凯恩斯，英国女王伊丽莎白二世和首相布莱尔无不在股市铩羽而归，损失惨重。美国总统小布什损失也很惨重，要不是有人给他兜底，现金一定会出窟窿（有人收购了，让他账户产生浮动亏损的股票，你懂的）。

真的不要觉得自己掌握的知识多，投资理念先进，心态好。每个人刚进入股市时都是这么想的，都认为自己能抓住涨停板，都认为自己能做波段，都认为自己不太贪。结果总是被事实击败。有的人输了钱也不肯承认，不好意思而已，他也没什么别的投资妙招。你觉得你厉害，难道上面那些人不厉害？你的各种资源、各种能力、各种心态真的就比他们强？

那么你会问："为什么会出现这种状况？"我不能回答你这个问

题，因为根据我的调研和经历，现在只是已经说明了这样一个事实，至于为什么，我即使解释一大堆理由你也未必信，或者也不一定和你的问题挂上钩。公理是无须证明的，就好比万有引力定律，就好比"1+1=2"，数论的专家也许能证明"1+1=2"，但是我证明不了，我能理解，并服从之，这就好！

话又说回来，证券市场本身就是一个"政治"，说白了就是发行股票的地方，任何一个国家、任何一个证监会都会履行这种职能，股票一经发行，就好比钞票一经发行，流通到哪里，随波逐流，就是一个纯粹投机的场所了。那么证券市场就没有一点逻辑吗？有指数基金，但个股绝对没有逻辑。散户唯一的出路就是销户。有人说有成长股，可以分红。首先，中国没有；其次，股票分红还不如用炒股票的钱开个餐厅来分红。

期货是和股票完全不同的东西，比如商品期货，影响的因素是全球的供应链和需求，比如 PTA 产业链，全球几万家企业和个人投资者，谁能操纵？无法操纵，只有经济规律在起作用；美国政府决定不了，美联储决定不了，个别基金决定不了，个人那就更决定不了。比如金融期货中的股指期货，只有判断准股指才能投资。判断准股指是"简单但困难"的事，只要有投资研究能力就可以一显身手，比股票公平得多。比如利率国债期货，就是一个宏观判断，很容易得出确定的结论（对于懂行的人）。比如金融危机发生了，我们很容易推断出各国政府要推出刺激政策，如美联储的"量化宽松"，此时做多、做宽松对应的头寸就好。学过物理的人都懂，宏观的东西很好理解，发个卫星，确定一下轨道，洲际导弹精确到 200 米都没问题，但是关于量子力学的东西，谁也说不清楚，更别说夸克、弦理论了。

期货的本质是"经济体系"，是经商，是做生意、办企业，这就是期货的本质。比如你认为房地产将会兴旺，你只有 100 万元，买套房都不够，但是可以买进螺纹钢，因为地产涨，螺纹钢一定涨。就这样，最简单，大道至简，又简单又确定。退一万步讲，这里面是有逻辑可供推理的，是有函数可供计算的，这点比股票好。你若有经商的天分，做期货一定一级棒，这就是为什么中国期货业最发达、几乎家家户户做期货的地区就是"江浙沪"，尤其是浙江；而北京，白领和知识分子、干部比较多，做期货的人就很少。

　　经济学里有一个基本概念叫作"完全竞争"市场，意思就是供给端和需求端的参与者数量都非常巨大，供需会自动平衡，供给曲线和需求曲线的交点，就是价格。大部分期货市场都属于完全竞争市场，是绝对公平的。有一些个别品种的期货市场存在一些具体问题，但是逻辑很确定，推理过程也很简单，是适合投资者进行分析的。只要你具备基本的经济学常识和金融常识，就可以完全把握商品期货价格运行的方向。而且完全不需要猜谜，也不需要博弈，更不需要内幕交易，你只要认认真真分析就可以决定，这是非常可靠的。

第三节　期货投资基础

一、期货基础概念介绍

　　期货（Futures）与现货相对。期货是现在进行买卖，是在将来进行交收或交割的标的物，这个标的物可以是某种商品如黄金、原油、农产品，也可以是金融工具，还可以是金融指标。交收期货的日子可以是一星期之后，一个月之后，三个月之后，甚至一年之后。买卖期货的合同或者协议叫作期货合约，买卖期货的场所叫作期货市场。投资者可以对期货进行投资或"投机"。对期货的不恰当"投机行为"，例如无货沽空，可以导致金融市场的动荡。

历史期货的英文为 Futures，是由"未来"一词演化而来，其含义是：交易双方不必在买卖发生的初期就交收实货，而是共同约定在未来的某一时候交收实货，因此称其为"期货"。

最初的期货交易是从现货远期交易发展而来，最初的现货远期交易是双方口头承诺在某一时间交收一定数量的商品。后来随着交易范围的扩大，口头承诺逐渐被买卖契约代替。这种契约行为日益复杂化，需要有中间人担保，以便监督买卖双方按期交货和付款，于是便出现了 1571 年伦敦开设的世界第一家商品远期合同交易所——皇家交易所。为了适应商品经济的不断发展，1848 年，82 位商人发起组织了芝加哥期货交易所（CBOT），目的是改进运输与储存条件，为会员提供信息；1851 年，芝加哥期货交易所引进远期合同；1865 年，芝加哥谷物交易所推出了一种被称为"期货合约"的标准化协议，取代原先沿用的远期合同。使用这种标准化合约，允许合约转手买卖，并逐步完善了保证金制度，于是一种专门买卖标准化合约的期货市场形成了，期货成为投资者的一种投资理财工具。1882 年，交易所允许以对冲方式免除履约责任，增加了期货交易的流动性。

期货手续费，相当于股票中的佣金。对股票来说，炒股的费用包括印花税、佣金、过户费及其他费用。相对来说，从事期货交易的费用只有手续费。期货手续费是指期货交易者买卖期货成交后按成交合约总价值的一定比例所支付的费用。

保证金，指期货交易者按照规定标准交纳的资金，用于结算和保证履约。

结算，指根据期货交易所公布的结算价格对交易双方的交易盈亏状况进行的资金清算。

交割，指期货合约到期时，根据期货交易所的规则和程序，交易双方通过该期货合约所载商品所有权的转移，是了结到期末平仓合约的过程。

开仓，开始买入或卖出期货合约的交易行为称为"开仓"或"建立交易部位"。

平仓，指期货交易者买入或者卖出与其所持期货合约的品种、数量及交割月份相同但交易方向相反的期货合约，是了结期货交易的行为。

仓单，指交割仓库开出并经期货交易所认定的标准化提货凭证。

撮合成交，指期货交易所的计算机交易系统对交易双方的交易指令进行配对的过程，包括做市商方式和竞价方式。

涨跌停板，指期货合约在一个交易日中的交易价格不得高于或者低于规定的涨跌幅度，超出该涨跌幅度的报价将被视为无效，不能成交。

强行平仓制度，指当客户的交易保证金不足且并未在规定时间内补足，客户持仓超出规定的持仓限额，因客户违规受到处罚的，根据交易所的紧急措施应予强行平仓。其他应予强行平仓的情况发生时，期货经纪公司为了防止风险进一步扩大，实行强行平仓的制度。

套利，指投机者或对冲者都可以使用的一种交易技术，即在某市场买进现货或期货商品，同时在另一个市场卖出相同或类似的商品，并希望两个交易会产生价差而获利。

开仓、持仓和平仓，指期货交易中的买、卖行为，只要是新建头寸都叫开仓。交易者手中持有的头寸，称为持仓。平仓是指交易者了结持仓的交易行为，了结的方式是针对持仓方向作相反的对冲买卖。由于开仓和平仓的含义不同，交易者在买卖期货合约时必须指明是开仓还是平仓。

多头和空头，指期货交易实行双向交易机制，既有买方又有卖方。在期货交易中，买方称为多头，卖方称为空头。虽然股票市场交易中也将买方称为多头，卖方称为空头，但股票交易中的卖方必须是持有股票的人，没有股票的人是不能卖的。

结算价格，指某一期货合约当日成交价格按成交量的加权平均价。当日无成交的，以上一交易日的结算价作为当日结算价。结算价是进行当日未平仓合约盈亏结算和制定下一交易日涨跌停板额的依据。

成交量，指某一期货合约在当日交易期间所有成交合约的双边数量。

总持仓量，指市场上所有投资者在该期货合约上总的"未平仓合约"数量。在交易所发布的行情信息中，专门有"总持仓"一栏。

总持仓量的变化，反映投资者对该合约的交易兴趣，是投资者参与该合约交易的一个重要指标。如果总持仓量持续增长，表明交易双方都在开仓，投资者对该合约的兴趣在增长，场外资金不断涌入该合约交易中；相反，当总持仓量不断减少，表明交易双方都在平仓出局，交易者对该合约的兴趣在退潮。还有一种情况是当交易量增长时，总持仓量却变化不大，表明市场以换手交易为主。

换手交易，有"多头换手"和"空头换手"，当原来持有多头的交易者卖出平仓，但新的多头又开仓买进时称为"多头换手"；而

"空头换手"是指原来持有空头的交易者在买进平仓，但新的空头在开仓卖出。

交易指令。股指期货交易有三种指令：市价指令、限价指令和取消指令。交易指令当日有效，在指令成交前，客户可提出变更或撤销。

市价指令，指不限定价格的买卖申报，尽可能以市场最好价格成交的指令。

限价指令，指执行时必须按限定价格或更好价格成交的指令。它的特点是如果成交，一定是客户预期或更好的价格。

取消指令，指客户将之前下达的某一指令取消的指令。如果在取消指令生效之前，前一指令已经成交，则称为取消不及，客户必须接受成交结果。如果部分成交，则可将还未成交的剩余部分撤销。

套期保值，指买进（卖出）与现货市场上经营的商品数量相当，期限相近，但交易方向相反的相应的期货合约，以期在未来某一时间通过卖出（买进）同样的期货合约来抵补这一商品或金融工具因市场价格变动所带来的实际价格风险。

头寸限制，即交易部位限制。指交易所对投资者规定的所能持有某一期货合约数量的最大限度，是从市场份额分配方面对市场风险进行管理。

竞价方式，指计算机撮合成交。计算机撮合成交是根据公开喊价的原理设计而成的一种自动化交易方式，具有准确、连续、速度快、容量大等优点。

头寸，指一种市场约定，即未进行对冲处理的买或卖的期货合约数量。对买进者，称处于多头头寸；对卖出者，称处于空头头寸。

持仓量，指买卖双方开立的还未实行反向平仓操作的合约数量总和。持仓量的大小反映了市场交易规模的大小，也反映了多空双方对当前价位的分歧大小。例如，假设以两个人作为交易对手的时候，一人开仓买入 1 手合约，另一人开仓卖出 1 手合约，则持仓量显示为 2 手。

内盘、外盘，等同于股票软件中的内外盘。如委托以卖方成交的纳入"外盘"，委托以买方成交的纳入"内盘"。"外盘"和"内盘"相加为成交量。

总手，指截至现在的时间，此合约总共成交的手数。国内是以双方各成交 1 手计算为 2 手成交，所以大家看到的尾数都是双数位。

委比，指用以衡量一段时间内买卖盘相对强度的指标，其计算公式为：委比 =［（委买手数－委卖手数）÷（委买手数+委卖手数）］×100%

仓差，持仓差的简称，指目前持仓量与昨日收盘价对应的持仓量的差。值为正则是今天的持仓量增加，为负则是持仓量减少。持仓差是指持仓的增减变化情况。例如，今天 11 月股指期货合约的持仓为 6 万手，而昨天是 5 万手，则今天的持仓差是 1 万手。另外，在成交栏里也有仓差变化，这里指现在这一笔成交单引发的持仓量变化与上一笔的即时持仓的对比，是增仓还是减仓。

多开，是多头开仓的简称，指持仓量增加，但持仓量的增加值小于现量，且为主动买盘。

空开，是空头开仓的简称，指持仓量增加，但持仓量的增加值小于现量，且为主动卖盘，如卖出、买入反过来即可。

双开，指某笔成交中，开仓量等于现量，平仓量为零，持仓量增加，差值等于现量，表明多空双方均增仓。

双平，指某笔成交中，开仓量等于零，平仓量为现量，持仓量减少，差值等于现量，表明多空双方均减仓。原有多头卖出平仓，原有空头买入平仓，持仓量减少。

多换、空换，是多头换手、空头换手的简称，若在某笔成交中，开仓和平仓量均等于现成交量的一半，持仓量不变，则表明多头仓位和空头仓位都未发生变化，只是部分仓位在多头之间或空头之间发生了转移。结合内外盘的状态，我们定义外盘时该笔成交的状态为多换手，内盘时为空换手。

多平、空平，是多头平仓、空头平仓的简称，多头平仓指持仓量减少，但持仓量的减少绝对值小于现量，且为主动卖盘；空头平仓指持仓量减少，但持仓量的减少绝对值小于现量，且为主动买盘。例如，假设以 3 个人作为交易对手，其中甲有多头持仓 5 手，乙有空头持仓 5 手，丙没有持仓；若甲想平仓了结部分持仓，则挂出卖出平仓 3 手，丙认为大盘会跌，则挂出卖出开仓 2 手，在此时乙也想平仓了结，则以现价（卖出价）挂出买入平仓 5 手成交，盘面会显示：空平（空头平仓），现手成交量 10 手，仓差为−6 手。如果是多头平仓则把乙作为主动挂出平仓单，甲随后再平仓即可。

期货贴水与期货升水，在某一特定地点和特定时间内，某一特定商品的期货价格高于现货价格称为期货升水；期货价格低于现货价格称为期货贴水。

正向市场，指在正常情况下，期货价格高于现货价格。

反向市场，指在特殊情况下，期货价格低于现货价格。

斩仓，指在交易中，所持头寸与价格走势相反，为防止亏损过多而采取的平仓措施。

二、套期保值与套利交易

（一）套期保值

套期保值是指把期货市场当作转移价格风险的场所，利用期货合约作为将来在现货市场上买卖商品的临时替代物，对其现在买进而准备以后售出商品或对将来需要买进商品的价格进行保险的交易活动。

套期保值的基本特征：在现货市场和期货市场对同一种类的商品同时进行数量相等但方向相反的买卖活动，即在买进或卖出实货的同时，在期货市场上卖出或买进同等数量的期货。经过一段时间，当价格变动使现货买卖上出现的盈亏时，可由期货交易上的亏盈得到抵消或弥补。从而在"现"与"期"之间、近期和远期之间建立一种对冲机制，以使价格风险降低到最低限度。

套期保值的理论基础：现货和期货市场的走势趋同（在正常市场条件下），由于这两个市场受同一供求关系的影响，所以二者价格同涨同跌；但是由于在这两个市场上操作相反，所以盈亏相反，期货市场的盈利可以弥补现货市场的亏损。

（二）套利方法

1. 跨交割月份套利（跨月套利）

跨交割月份套利（跨月套利）投机者在同一市场利用同一种商品不同交割期之间价格差距的变化，买进某一交割月份期货合约的同时，卖出另一交割月份的同类期货合约，以谋取利润的活动。其实质是利用同一商品期货合约的不同交割月份之间差价的相对变动来获利。这是最为常用的一种套利形式。比如如果你注意到 5 月份的大豆和 7 月份的大豆价格差异超出正常的交割、储存费，你应买入 5 月份的大豆合约而卖出 7 月份的大豆合约。过后，当 7 月份大豆合约与 5 月份大豆合约更接近而缩小了两个合约的价格差时，你就能从价格差的变动中获得一笔收益。跨月套利与商品绝对价格无关，而仅与不同交割期之间价差变化趋势有关。具体而言，这种套利方式又可细分牛市套利、熊市套利及蝶式套利等。

2. 跨市场套利（跨市套利）

跨市套利是指在不同交易所之间的套利交易行为。当同一期货商品合约在两个或更多的交易所进行交易时，由于区域间的地理差别，各商品合约间存在一定的价差关系。投机者利用同一商品在不同交易所的期货价格的不同，在两个交易所同时买进和卖出期货合约以谋取利润。当同一商品在两个交易所中的价格差额超出了将商品从一个交易所的交割仓库运送到另一交易所的交割仓库的费用时，可以预计，它们的价格将会缩小，并在未来某一时期体现真正的跨市场交割成本。比如说小麦的销售价格，如果芝加哥交易所比堪萨斯城交易所高出许多而超过了运输费用和交割成本，那么就会有现货商买入堪萨斯城交易所的小麦并用船运送到芝加哥交易所去交割。又如伦敦金属交易所（LME）与上海期货交易所（SHFE）都进行阴极铜的期货交易，每年两个市场间会出现几次价差超出正常范围的情况，这为交易者的跨市套利提供了机会。例如，当 LME 铜价低于SHFE 时，交易者可以在买入 LME 铜合约的同时，卖出 SHFE 的铜合约，待两个市场价格关系恢复正常时再将买卖合约对冲平仓并从中获利，反之亦然。在做跨市套利时应注意影响各市场价格差的几个因素，如运费、关税、汇率等。

3. 跨商品套利

所谓跨商品套利，是指利用两种不同的但是相互关联的商品之间的期货价格的差异进行套利，即买进（卖出）某一交割月份某一商品的期货合约，而同时卖出（买入）另一种相同交割月份、另一关联商品的期货合约。跨商品套利必须具备以下条件：一是两种商品之间应具有关联性与相互替代性；二是交易受同一因素制约；三是买进或卖出的期货合约通常应在相同的交割月份。

在某些市场中，一些商品的关系符合真正套利的要求。比如在谷物中，如果大豆的价格太高，玉米可以成为它的替代品。这样，两者价格变动趋于一致。另一常用的商品间套利是原材料商品与制成品之间的跨商品套利，如大豆及其两种产品——豆粕和豆油的套利交易。大豆压榨后，生产出豆粕和豆油。在大豆与豆粕、大豆与豆油之间都存在一种天然联系能限制它们的价格差异额的大小。要想从相关商品的价差关系中获利，套利者必须了解这种关系的历史和特性。例如，一般来说，大豆价格上升（或下降），豆粕的价格必然上升（或下降），如果你预测豆粕价格的上升幅度小于大豆价格的上升幅度（或下降幅度大于大豆价格下降幅度），则你应先在交易所买进大豆的同时，卖出豆粕，待机平仓获利；反之，如果豆粕价格的上升幅度大于大豆价格的上升幅度（或下降幅度小于大豆价格下降幅度），则你应在卖出大豆的同时，买进豆粕，待机平仓获利。

三、期货开户

中国合法的正规的期货交易所只有 4 家：郑州商品交易所，大连商品交易所，上海期货交易所，中国金融期货交易所。

合规的期货公司有 100 多家，期货开户和股票开户有差不多的流程，直接去期货公司营业部开户即可。现在很多期货公司都提供"上门开户"服务，你一个电话，工作人员会带着开户文件到你家，签署完开户合同即可开通交易。

备注：所有的期货公司必须是合法的，都是监管机构批准营业的。比如"××金"、"××银"、"××汇"、"××平台"，中国只有上海、大连、中金、郑州4个交易所。其他的交易所、交易平台都未经中国国务院的金融监管当局"中国证监会"批准。

相关资料可查询以下网站：

中国证监会：http：//www.csrc.gov.cn/pub/newsite/。

中国期货业协会：http：//www.cfachina.org/。

注意：凡是没有在中国期货业协会注册的期货公司都是冒牌的。

目前，我国经中国证监会的批准，可以上市交易的期货商品有以下种类。

（1）上海期货交易所：铜、铝、锌、天然橡胶、燃油、黄金、螺纹钢、线材、铅。

（2）大连商品交易所：大豆（黄大豆1号、黄大豆2号）、豆粕、豆油、塑料、棕榈油、玉米、PVC、焦炭期货。

（3）郑州商品交易所：硬麦、强麦、棉花、白糖、PTA、菜籽油、籼稻、甲醇。

（4）中国金融期货交易所：铜、锌、螺纹钢，农产品：大豆、棉花，还有化工产品：橡胶、PTA等。

期货品种代码

大连商品交易所：黄大豆1号——A；黄大豆2号——B；豆粕——M；豆油——Y；玉米——C；LLDPE——L；棕榈油——P；PVC——V；焦炭——J。

郑州商品交易所：白糖——SR；PTA——TA；棉花——CF；强

麦——WS；硬麦——WT；籼稻——ER；菜籽油——RO。

上海商品交易所：铜——CU；铝——AL；锌——ZN；天然橡胶——RU；燃油——FU；黄金——AU；螺纹钢——RB；线材——WR；铅——PB。

中国金融期货交易所：股指期货——IF。

期货公司非常多，数量和银行与券商差不多，如何选择呢，主要看交易软件。大期货公司的 IT 设备、服务器和带宽投入大，IT 服务维护人员多，软件好用不卡壳。有些小的期货公司 IT 投入不够，软件登录会比较慢。笔者最喜欢用的是"快期"软件，一登录就会发出"吱拉吱拉"的声音，像是印钞机开动，像是给我"送钞票"的履带声。具体的公司我个人推荐四家：国泰君安期货、华鑫期货、中国国际期货、光大期货。（注意：笔者未收取任何期货公司任何费用，因为我用过的不同期货公司的交易软件较多，纯属客观公允评价）

第二章 坚定的基本面分析逻辑

第一节 基本面分析介绍

一、目的

期货市场有两种主要分析方法：基本分析和技术分析。基本分析集中考察导致价格涨落或持平的供求关系；技术分析观察价格和交易量数据，从而判断这些数据的未来走势。技术分析还可进一步分为两个主要类型：

（1）量化分析：使用各种类型的数据属性来帮助估计商品超买、超卖的限度。

（2）图表分析：使用线条和图形来辨别货币汇率构成中的显著趋势和模式。

基本分析和技术分析最明显的一点区别是，基本分析研究市场运动的成因，而技术分析研究市场运动的图表结果（我们看盘看的就是现象）。

对不同的交易品种进行基本分析涉及各自的基本分析理论。

对股指期货进行基本分析，主要运用宏观经济学等理论。

对外汇期货，则需要购买力评价（PPP）、利率评价（IRP）、国际收支模式、资产市场模式等理论。

对农产品期货进行基本分析最直接有效的方法是从供需两个方面进行调查，同时涉及农学和气象学方面的知识。

二、期货交易基本面分析的价值

投资者每天都在接触基本面方面的信息和各种研究报告，每天也有不少专家在分析市场的供求关系以及宏观经济环境，但投资者的交易结果并没有因此而有大的改观，为什么呢？因为投资者并不知道如何利用基本面的分析。其实，就普通投资者来讲，基本面分析有哪些特征和作用都不甚明了，他们大多数要么盲从、要么拒绝基本面的分析，这样做的话，基本面对于他们来讲自然毫无意义。

我们该如何定位基本面在交易中的作用呢？

基本面的分析一般都含有大量的数据和图表，并且好的报告里的数据不仅全面，而且相当准确，大部分都是研究人员自己搜集整理的，有的甚至是自己去行业或"田间地头"考察而来的。研究员通过大量数据和图表的分析会得出结论：市场未来上涨还是下跌的可能性，即他们通过大量数据和图表的分析来预测市场的未来。这样写出来的报告肯定是具有价值的，而且也会得到行业专家或学者的认可，自然也会得到大部分投资者的认可。其实，我们认可的不仅仅是这份报告，更多的是认可这种分析研究的方法与精神。所以，很多投资者自然会用这种分析思考的方法进行交易，但他们很快就会发现这样做在交易中似乎困难重重，市场的走势经常与他们得到的基本面分析背道而驰，并且也与很多专家的分析背道而驰！这真的令人困惑！为什么呢？因为他们不清楚，研究报告可以得到专家学者的认可，但能否得到市场的认可则难以确定，而市场才是唯一的裁判！

很多人通过基本面的分析来预测市场的未来，他们总是认为通过研究基本面的情况可以得出市场未来的方向，他们误以为基本面分析的作用是预测市场的未来，他们误以为掌握了大量的基本面资料就可以掌握未来。我认为这是一个根本性的错误。这样的研究人员，其一生都将生活在痛苦之中，因为他们在做永远也不可能实现的事——预测未来。也许在某次行情中他们做得很出色，这样的例子也很多，但永远不会有人或机构可以稳定连续地通过基本面的分析一直对市场做出正确的判断，否则，国际市场上那些大型的投资基金就不会做双向交易。你应该知道，大型投资基金的研究力量比我们国内任何一家公司的都要强大，若它们能够通过基本面的分析知道市场未来方向的话，做单边交易的利润不是远远高于做双向交易的利润？基金经理可不是傻子呀。我这样讲并不是说基本面的分析就没有作用了，而是说基本面分析的功能不是预测市场，它的作用更多的是告诉我们市场价格波动的原因，使我们更清楚地认识和了解市场，不至于因为对基本面情况的一无所知而对市场价格的涨跌感到迷茫和恐惧。基本面分析不具有预测市场未来方向的功能，它的这个功能是我们获利的欲望强加给它的。

基本面分析主要的作用是使投资者更清楚地认识和了解市场目前的状况，使我们能够更好地跟上市场运行的步伐，做出适应市场的交易策略，并根据新的情况调整我们的交易计划，而不是预测市场的未来。在交易中，我们必须以价格为依据、以市场为中心而进行交易，不能以基本面数据为依据、以自己的判断为中心来进行交易，因为我们所掌握的基本面数据肯定不是全面、及时的，所以我们必须通过市场价格来检验我们的分析是否正确。基本面分析就好像是全面了解一个人的家庭背景、工作情况、年龄、社会关系等，通过这些可判断这个人未来的发展方向、前景和空间。而技术分析则是和市场交朋友，它不管这个朋友的贫富贱贵，只要脾气相投就是好朋友。若你真能和市场交上朋友，则你就能理解市场的交易信号。技术分析就是通过读懂市场信号来交易的。

基本面和技术面分析的作用其实都是为了使投资者更好地了解市场，使投资者更好地跟上市场前进的步伐，并因此制定出适应目前市场情况的交易策略，而不是预测市场的未来。所以本质上基本面分析与技术分析是完全一样的，它们都不具有预测市场的功能，其本质都是使投资者通过了解市场来更有效地跟踪市场。

三、农产品期货基本面分析要素

（一）供给

商品供求状况的变化与价格的变动是互相影响、互相制约的。商品价格与供给成反比，供给增加，价格下降；供给减少，价格上升。商品价格与需求成正比，需求增加，价格上升；需求减少，价格下降。在其他因素不变的条件下，供给和需求的任何变化，都可能影响商品价格变化，一方面，商品价格的变化受供给和需求变动的影响；另一方面，商品价格的变化又反过来对供给和需求产生影响。价格上升，供给增加，需求减少；价格下降，供给减少，需求增加。这种供求与价格互相影响、互为因果的关系，使商品供求分析更加复杂化，不仅要考虑供求变动对价格的影响，还要考虑价格变化对供求的反作用。

（1）期初存量，指上年或上季积存下来可供社会继续消费的商品实物量。

（2）本期产量，指本年或本季的商品生产量。它是市场商品供给量的主体，其影响因素也甚为复杂。从短期看，它主要受生产能力制约，资源和自然条件、生产成本及政府政策的影响。不同商品生产量的影响因素可能相差很大，必须对具体商品生产量的影响因素进行具体的分析，以便能较为准确地把握其可能的变动。

（3）本期进口量，指对国内生产量的补充，通常会随着国内市场供求平衡状况的变化而变化。同时，进口量还会因受到国际国内市场价格差、汇率、国家进出口政策以及国际政治因素的影响而变化。我国自 1995 年开始，已从一个大豆出口国变成一个净进口国，进口量的大小直接影响大连大豆期价的变动。进口数据可以从每月海关的统计数据中获得，进口预测数据的主要来源有：美国农业部周四发布的《每周出口销售报告》及有关机构对南美大豆出口装运情况的报告。进口预测数据对大连大豆期价的影响较大，但由于贸易商在国际市场卖回去或转运他国等情况，进口预测数据很难反映真实的进口数量。

（二）需求

1. 国内消费量

国内消费量主要受消费者的收入水平或购买能力、消费者人数、消费结构变化、商品新用途发现、替代品的价格及获取的方便程度等因素的影响，这些因素变化对期货商品需求及价格的影响往往大于对现货市场的影响。具体分析大豆的情况，大豆的食用消费相对稳定，对价格的影响较弱。大豆的压榨需求变化较大，对价格的影响较大。大豆压榨后，豆油、豆粕产品的市场需求变化不定，影响因素较多。豆油作为一种植物油，受菜籽油、棉籽油、棕榈油、椰子油、花生油、葵籽油等其他植物油供求因素的影响。大豆压榨后的主要副产品（80%以上）是豆粕。豆粕是饲料中的主要配料之一，与饲养业的景气状况密切相关。豆粕的需求情况对大豆期价的影响很大。

2. 国际市场需求分析

大豆主要进口国：欧盟、日本、中国、东南亚国家和地区。欧盟、日本的大豆进口量相对稳定，而中国、东南亚国家的大豆进口量变化较大。稳定的进口量虽然量值大但对国际市场价格影响甚小，不稳定的进口量虽然量值小，但对国际市场价格影响很大。例如，中国与东南亚国家在 1995 年、1996 年对大豆的需求的迅速增长导致芝加哥大豆期价的上涨。美国农业部在每月上、中旬发布《世界农产品供求预测》对主要进口国的需求情况作分析并进行预测。美国农业部还在每月中旬发布《油籽：世界市场与贸易》作为上一报告的分报告，内容更为专业、详细，包括菜籽、棉籽、花生、葵花籽等。

3. 出口量

出口量是本国生产和加工的商品销往国外市场的数量，它是影响国内需求总量的重要因素之一。分析其变化应综合考虑影响出口的各种因素的变化情况，如国际、国内市场供求状况、内销和外销价格比、本国出口政策和进口国进口政策变化、关税和汇率变化等。例如，我国是玉米出口国之一，玉米出口量是影响玉米期货价格的重要因素。

4.期末结存量

期末结存量具有双重的作用，一方面，它是商品需求的组成部分，是正常的社会再生产的必要条件；另一方面，它又在一定程度上具有平衡短期供求的作用。当本期商品供不应求时，期末结存将会减少；反之就会增加。因此，分析本期期末存量的实际变动情况，即可从商品实物运动的角度看出本期商品的供求状况及其对下期商品供求状况和价格的影响。以大豆为例，美国农业部在每月发布的《世界农产品供求预测》中公布各国大豆的库存情况，主要生产国美国、巴西、阿根廷的库存情况对芝加哥大豆期价的中长期走势产生影响，并存在很大的相关性。国内大豆库存情况没有权威的报告。因为国内农户规模小，存粮情况难以精确统计。

（三）经济周期

商品波动通常与经济波动周期紧密相关。期货价格也不例外。经济周期一般由复苏、繁荣、衰退和萧条四个阶段构成。复苏阶段开始时是前一周期的最低点，产出和价格均处于最低水平。随着经济的复苏、生产的恢复和需求的增长，价格也开始逐步回升。繁荣阶段是经济周期的高峰阶段，由于投资需求和消费需求的不断扩张超过了产出的增长，刺激价格迅速上涨到较高水平。衰退阶段出现在经济周期高峰过去后，经济开始滑坡，由于需求的萎缩，供给大大超过需求，价格迅速下跌。萧条阶段是经济周期的谷底，供给和需求均处于较低水平，价格停止下跌，处于低水平上。在整个经济周期演化过程中，价格波动略滞后于经济波动。

由于期货市场是与国际市场紧密相连的开放市场，因此，期货市场价格波动不仅受国内经济波动周期的影响，而且还受世界经济的景气状况影响。

比如，在 20 世纪 60 年代以前西方国家经济周期的特点是产出和价格的同向大幅波动。而 70 年代初期，西方国家先后进入所谓的"滞胀"时期，经济大幅度衰退，价格却仍然猛烈上涨，经济的停滞与严重的通货膨胀并存。而 80~90 年代以来的经济波动幅度大大缩小，并且价格总水平只涨不跌，衰退期和萧条期下降的只是价格上涨速度而非价格的绝对水平。当然，这种只涨不跌是指价格总水平而非所有的具体商品价格，具体商品价格仍然是有升有降。进入 90 年代中期以后，一些新兴市场经济国家，如韩国、东南亚国家等，受到金融危机的冲击，导致一些商品的国际市场价格大幅下滑。但是，全球经济并没有陷入全面的危机之中，欧美国家经济持续向好。因此，认真观测和分析经济周期的阶段和特点，对于正确地把握期货市场价格走势具有重要意义。

经济周期阶段可通过主要经济指标值的高低来判断，如 GDP 增长率、失业率、价格指数、汇率等。这些都是期货交易者应密切注意的。

（四）政治因素

政治因素主要指国际国内政治局势、国际性政治事件的爆发及由此引起的国际关系格局的变化、各种国际性经贸组织的建立及有关商品协议的达成、政府对经济干预所采取的各种政策和措施等。这些因素将会引起期货市场价格的波动。如 1980 年 1 月 4 日，美国为警告苏联入侵阿富汗，决定向苏联禁运粮食 1700 万吨，引起芝加哥交易所闭市两天，到 9 日开市后又出现多次跌停板。在分析政治因素对期货价格影响时，应注意不同的商品所受影响程度是不同的。如国际局势紧张时，对战略性物资价格的影响就比对其他商品的影响大。

（五）政策因素

1. 农业政策的影响

在国际上，大豆主产国农业政策对大豆期货价格影响很大。例如，1996 年，美国国会批准新的《1996 年联邦农业完善与改革法》，使 1997 年美国农场主播种大豆的面积猛增 10%，从而导致大豆的国际市场价格大幅走低。有些时候，各国政府为了自身利益和政治需要，而制定或采取一些政策、措施，这会对商品期货价格产生不同程度的影响。如美国和欧洲经济共同体国家都规定有对农产品生产的保护性措施。

国内农业政策的变化也会对农产品期货价格产生影响，如 1998 年粮改政策，对主要农产品稻米、玉米、小麦等实行价格保护政策，大豆不在保护之列，大豆价格随市场供需的变化而变动，为大豆期货交易提供了广阔的舞台。农产品保护价政策也影响农民的种植行为，1999 年国家农调队的种植意向调查显示，玉米种植面积增加 120 万公顷，而豆类作物减少 110 万公顷。种植面积减少，商品供应量减少，农产品价格会有所上涨。

2. 贸易政策的影响

贸易政策将直接影响商品的可供应量，对商品的未来价格影响特别大。例如，中国加入世界贸易组织（WTO），以及 1999 年 5 月朱总理访美期间与美国政府签订《中美农业贸易协议》等都对大连大豆期货价格产生影响。自 1999 年 7 月起，国家对进口豆粕征收增值税，国内豆粕价格从 1350 元/吨的低谷，猛涨至 1850 元/吨。这一政策也带动国内大豆价格上涨，大连大豆 2000 年 5 月合约价格从 1850 元/吨上涨到 2200 元/吨。又如，1999 年 11 月 10 日开始，中美贸易代表团在北京举行关于中国加入世界贸易组织的谈判，消息一出，大连大豆期价即告下跌，猛跌一周，大豆 2000 年 5 月合约价格从 2240 元/吨下跌至 2060 元/吨。

3. 食品政策的影响

欧盟是世界大豆的主要进口地区，其食品政策的变化对世界大豆市场会产生较大影响。现在，一些欧盟国家，如德国、英国等，对"基因改良型"大豆的进口特别关注，这些国家的绿色和平组织认为，"基因改良型"大豆对人类健康有害，要求政府制定限制这类大豆进口。这一食品政策的实施，会对世界大豆市场产生影响。

（六）自然因素

自然条件因素主要是气候条件、地理变化和自然灾害等。期货交易所上市的粮食、金属、能源等商品，其生产和消费与自然条件因素密切相关。有时因为自然因素的变化，会对运输和仓储造成影响，从而间接影响生产和消费。

第二节　笔者基本面分析的逻辑基础

笔者是坚定的基本面交易者，利用基本面研究来确定方向、目标位、运行的时间。然后坚定地持仓。价格趋势源于供求动力，重视市场供求关系，看行情要寻找本质。通过技术分析得出的结论都是不确定的，只有通过基本面分析、供求分析得出的结论才能相对确定，甚至可以确定到 100%。这样才能坚持，才不会被行情的波动所困扰。

那么哪些商品是符合基本面的呢？笔者认为：农产品、油脂、软商品（棉花、咖啡、白糖）、黑色金属产业链、煤焦钢产业链，都是符合基本面研究的。要按照完全竞争的供需先做大判断。而化工品，厂商可以串谋形成价格联盟，就不能完全用供需来判断。要结合供给弹性和需求弹性，以及生产者结构来分析。金属中的铜作为基本金属，可以切分为一部分金融属性，一部分商品属性。贵金属，比如金银，全部属于金融属性，要看央行的货币政策和外汇汇率。股指，基本就是 GDP 和货币的叠加。国债期货，则完全做货币政策。

基本面分析的过程大家可能也懂一点。如图 2-1 所示（本图表常见于大学经济学教科书，是经济学的入门知识）。

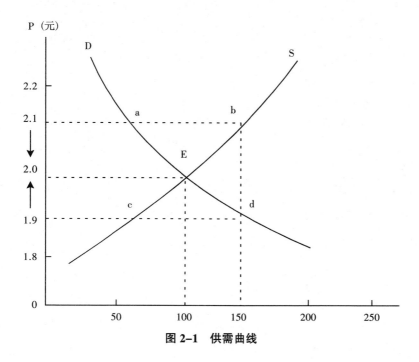

图 2-1　供需曲线

图 2-1 中，

S=supply（供给）；

D=demond（需求）；

两个曲线的交点就是 E，对应的 2.0 就是供需平衡时的价格，如果供大于求，价格将沿着需求曲线朝右下移动。在 d 点平衡，价格就是 1.9；如果供小于求，价格就沿着需求曲线朝左上移动，在 a 点平衡，价格就是 2.1；如果需求暴增，供给不变，价格就沿着供给需求朝右上移动，在 b 点平衡，价格就是 2.1；如果需求大降，供给不变，价格就沿着供给曲线朝左下移动，在 c 点平衡，价格就是 1.9。

弹性如表 2-1 所示。

表 2-1　弹性表

弹性	曲线	表现	例子
供给无弹性	垂直的供给曲线	无论价格如何变，供给量不变	铁矿石、玻璃、劳动力市场
供给弹性小	陡峭的供给曲线	价格即使变动很大，供给量变动也不大	螺纹钢、农产品、橡胶、油脂、软商品
供给弹性大	30 度的供给曲线	价格稍微变一点，供给量大变	菜粕、豆粕、化工品
供给完全弹性	横直的供给曲线	价格一变动，供给量就消失	
供给单位弹性	45 度的供给曲线		理想的学术状况
需求无弹性	垂直的需求曲线	无论价格如何变，需求量不变	大米、小麦、食品、必需品
需求弹性小	陡峭的需求曲线	价格即使变动很大，需求量变动也不大	棉花、农产品、油脂、原油
需求弹性大	30 度或者低于 30 度的需求曲线	价格稍微变一点，需求量大变	所有必需品之外的商品
需求完全弹性	横直的需求曲线	价格一变动，需求量就消失	奢侈品
需求单位弹性	45 度的需求曲线		理想的学术状况

我们自己想一想，这么多商品期货市场，每个商品都有一个供给曲线，也有一个需求曲线，仔细研究一下它们的供给端和需求端，看看它们属于哪一种情况。

此外还要考虑交叉价格弹性，比如豆粕和菜粕，存在替代关系，属于替代品，那么当豆粕价格高的时间，养殖业可以买菜粕来替代，两者之间的价格比例一旦失衡，就存在回归的动力。

此外还要考虑互补品，比如钢厂买了焦炭就必须买铁矿石，否则无法炼铁。同理养殖业买了豆粕就必须养猪，猪肉的供应可能加大，降低 CPI。这些逻辑都是简单的常识，运用正常的经济逻辑、投资逻辑、商业逻辑即可。

供需失衡一般都是供应曲线或者需求曲线中单方面移动造成价格变动。如果供给和需求曲线同时移动，则需要制定"供需平衡表"，重新考量供需达到平衡时的价格。

供需的逻辑是如何与操作对应的呢？容易出现大行情的情况有如下两类。

第一类情况：

（1）需求暴增，供应下降，没有库存。单边重仓做多，浮盈加仓。

（2）需求暴增，供应下降，有库存。单边重仓做多。

（3）需求暴增，供应不变，无库存。单边做多。

（4）需求暴增，供应不变，有库存。波段做多。

第二类情况：

（1）供应暴增，需求下降，有库存。单边重仓做空，浮盈加仓。

（2）供应暴增，需求下降，无库存。单边重仓做空。

（3）供应暴增，需求不变，有库存。单边重仓做空，浮盈加仓。

（4）供应暴增，需求不变，无库存。单边做空。

含预期的供需分析与操作的对应：

（1）本期供需严重失衡，供大于求，且预计下期供应进一步增大或者消费缩减。单边做空，长期持有，浮盈加仓，且初始头寸不平仓。直到预计再下一期供需将会恢复平衡才平仓。

（2）本期供需严重失衡，供大于求，但预计下期供应减少或者消费增加。单边做空，浮盈加仓，本期末平仓。

（3）本期供需严重失衡，供小于求，且预期下期消费大增或者供应减少。单边做多，浮盈加仓，长期持有，初始头寸不平仓。直到预计再下一期供需将会恢复平衡才平仓。

（4）本期供需严重失衡，供小于求，且预期下期消费不变或者供应增加。单边做多，浮盈加仓，本期末平仓。

（5）本期供需严重失衡，但预计下期供需会恢复平衡，只单边做多或做空，不浮盈加仓。

第三节 各品种的定性分析

一、铜

铜，号称"铜博士"，商品之王，金属之王。交易时间古老，交易金额巨大，流动性极其充沛，周期性强且和经济周期同步。看懂铜，就看清楚了世界经济周期。目前铜的金融属性占 60%，商品属性占 40%，再加上很多中国人利用铜进行抵押融资赚取利差，铜的金融属性进一步增强，工业品属性进一步减弱。铜基本上算是一种周期品，做铜，就是做经济周期。

目前 2014 年铜处于结构性大熊市中，牛熊转折点到 2016 年。2015 年随着南美的诸多铜矿产能进一步释放，铜价进一步受压，处于空头趋势中。

铜指数月线如图 2-2 所示。

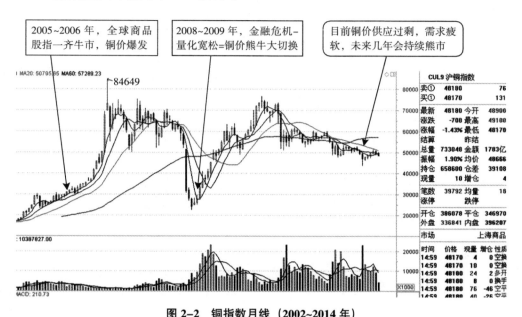

图 2-2　铜指数月线（2002~2014 年）

二、黄金

黄金，美联储主席说他看不懂。黄金经过几百年的金融洗礼，到目前，已经彻底沦为投机品，并且成为美联储货币政策的风向标。我们可以把全球看作一个国家，只有一个央行（美联储），这样大家比较容易理解。新兴市场（巴西、印度、中国、俄罗斯）可以看作特区，欧洲可以看作老工业基地。

做黄金的逻辑就是：美元跌黄金就涨，美元涨黄金就跌。而做美元的逻辑就是：量化宽松美元就跌，经济（股指）就涨；量化紧缩美元就涨，经济（股指）就跌。

2009~2012 年底，美联储持续推动量化宽松，美元弱势，黄金大涨。2012~2014 年，美股连续大涨五六年持续高位，美联储退出量化宽松并且有了加息预期。美元逐步强势，黄金熊市持续。未来黄金仍然会持续大跌，美元会持续大涨。把握住这个大逻辑，印钞机就会开启，财富就滚滚而来，挡都挡不住。

黄金指数月线如图 2-3 所示。

图 2-3　黄金指数月线（2008~2014 年）

三、股指与中国股指

一般情况下的封闭经济体或者成熟经济体中，股指一般和汇率呈现反向关系，当一国汇率贬值时，股指急速上升，当一国央行加息，货币升值时，股指急跌。其实，股指说白了是做"经济前景"或者"GDP 预期"，经济前景好，企业盈利上升，股指就连续上升。货币宽松是推动经济前景的手段。

在脆弱经济体（过度依赖、外资、外贸、外债）的经济体中，货币和股指都受控于成熟经济体（主要是美国，以及特指美国的几十大对冲基金），这些脆弱国家或地区主要指新兴经济体、南美、亚洲、印度、非洲、欧洲的小国。

中国股指是一个极其典型的独立运行的周期性标的；中国股指周期性循环，经久不衰，大概是中国历史文化的因素。但是，掌握了中国股指的周期规律，按照周期操作，一样可以赚大钱。

2012 年 11 月，以索罗斯为代表的美国对冲基金，大卫·艾因霍恩（David Einhorn）的绿光资本、丹尼尔·勒布（Daniel Loeb）的 Third Point 以及凯尔·巴斯（Kyle Bass）的海曼资本（Hayman Capital）重仓出击安倍交易。这是因为为了缓解债务压力，日本首相安倍晋三推行激进政策，压低日元汇率，希望通过贬值日元挽救颓败的日本经济。索罗斯和他的伙伴吃准这一点，同时做空日元，做多日经 225 指数期货。两个市场大赚（见图 2-4、图 2-5），总利润几百亿美元。这就是金融玩家的风采。比投资股票精彩多了。

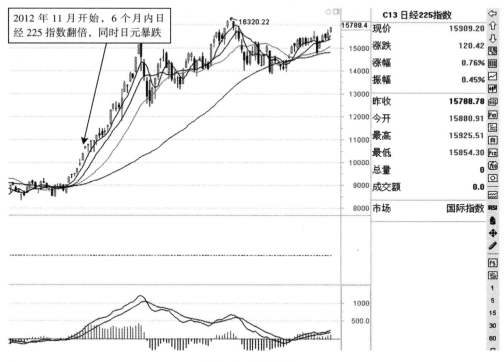

图 2-4　安倍交易一

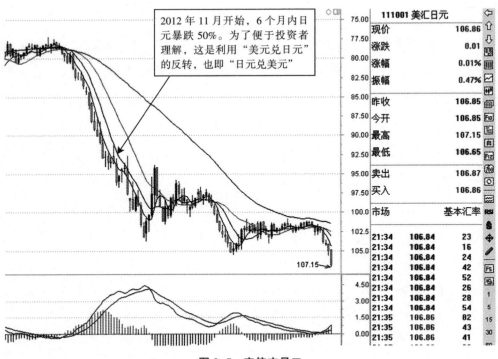

图 2-5 安倍交易二

图 2-6 中国股指

中国股指基本上是 5 年一个小轮回，10 年一个大轮回，充满了自相似性（见图 2-6），只能按照周期操作。目前中国股市处于熊市末期，预计 2015 年 8 月见到大底，2015 年 8 月至 2017 年 9 月是大牛市，2017 年 9 月上证综指有可能突破 10000 点，工商银行、建设银行、招商银行在 2017 年上半年会出现连续 10~20 个涨停板的惊世骇俗的奇观，2017 年 9 月开始大跌，跌到 2018 年底进入震荡。

2015 年下半年和 2016 年触发大牛市的条件就是"金融改革"，是"深入灵魂的改革"！我们拭目以待。

四、锌（铅）

锌（铅）都是工业金属，在工业上有很多用途，同时自然界储量不大，开采起来主要是复合矿。所以可以按照基本的商品属性来操作。不过这些小金属交易量小，流动性不高，难以产生大行情。

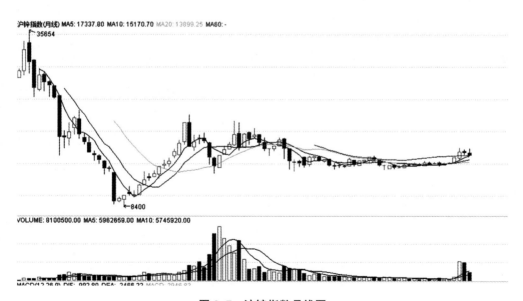

图 2-7　沪锌指数月线图

五、大豆（玉米）

大豆的投机性和周期性都很强，一般三五年一个周期；而价格一般每年内都有涨有跌。南美和美国大豆产量大的年份，价格跌，反之大涨。这主要看供应，需求是基本不变的。未来三年大豆处于熊市。

大连交易所豆一指数月线如图 2-8 所示。

图 2-8　大连交易所豆一指数月线图（2002~2014 年）

六、豆粕和菜粕

豆粕和菜粕具备一定的替代性，需求端主要是养殖业，即养猪、养鸡、养鱼的饲料；供应端主要是压榨行业，压榨厂压榨大豆，生产出豆油和豆粕。因此大豆位于产业上游，压榨厂是中间变量，养殖业处于下游，需要考虑上、中、下游的行业景气度和利润来综合分析。未来两年大豆粕处于熊市。

大连交易所豆粕指数月线如图 2-9 所示。

图 2-9　大连交易所豆粕指数月线图（2002~2014 年）

七、豆油（棕榈油、菜油）

　　油脂的供应逐渐加大，因为大豆的产量大，棕榈产量更大，出油率高；消费基本疲弱不振，人口老龄化影响全球，甚至连新兴市场——中国都出现了老龄化的问题，吃不了那么多油。

　　大连交易所棕榈油月线如图 2-10 所示。

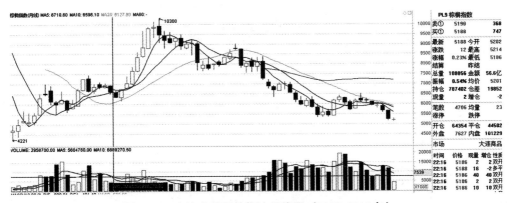

图 2-10　大连交易所棕榈油月线图（2008~2014 年）

八、铁矿石（螺纹铁合金、焦炭、焦煤）

铁矿石统称黑色系，需求端是地产和基建，供应端是矿山。当需求迅速消失的时刻（中国地产崩盘，外国压根没有房地产这个行业，房地产和电一样是公共必需品），供应却在加大（铁矿石成本仅仅 30 美元，供应量几十亿吨），价格自然"雪崩"（这就是 2014 年铁矿石的情况）。黑色系都属于临近工业品，往往同涨同跌，操作就做快的，空间大的。未来两年铁矿石将会持续大熊市。

大连交易所铁矿石 2014 年前 9 个月运行图，如图 2-11 所示。

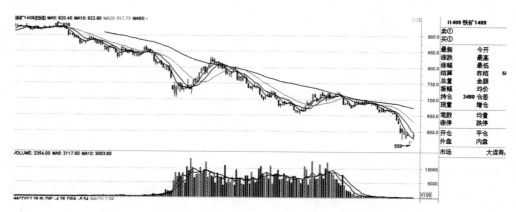

图 2-11　大连交易所铁矿石 2014 年前 9 个月运行图（日线）

九、橡胶

橡胶的供应弹性和需求弹性都很大。而且，从绝对数量上来说，供应量和需求量都很大。工业的各个部门都需要橡胶，如轮胎、医学、合成化学品。橡胶树长成之后每年都可以生产，因此供应周期很长。橡胶市场的参与主体广泛，涨起来没有顶，跌起来没有底；容易有大行情，而且，容易有大趋势行情。目前橡胶运行在熊市当中，未来两年还将处于熊市。

上海期货交易所橡胶月线如图 2-12 所示。

图 2-12　上海期货交易所橡胶月线图（2001~2014 年）

十、PTA（乙烯、丙烯）

化工品的原料都是石油。上游的厂商要么是垄断，要么是寡头，厂商多的也可以联合起来限产保价，而且需求相对固定，甚至具备一定的刚性。除了 PTA 生产无门槛、产量可以扩大之外，其他的化工品产能能否顺利实现都会出问题。PTA 可以走出趋势性大行情，其他的比较难。

另外，煤化工近几年兴起，投放了较多的装置和产能，预期未来产量过大，有望将丙烯的价格拉下来。

乙烯月线如图 2-13 所示。

图 2-13　乙烯月线图（2008~2014 年）

PTA 月线图（2007~2014 年），趋势良好，跟着供需基本面的形势走，可以按照基本面分析进行趋势操作，如图 2-14 所示。

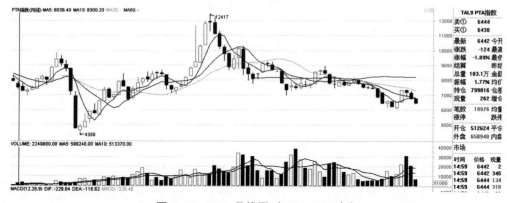

图 2-14　PTA 月线图（2007~2014 年）

PTA2014 月线图（见图 2-15），2015~2016 年，随着煤化工装置的大量产能释放，有望将 PTA 价格拉下来，走出趋势性空头行情。

十一、玻璃

前两年，中国的玻璃产业新上了很多生产线，这些生产线一旦

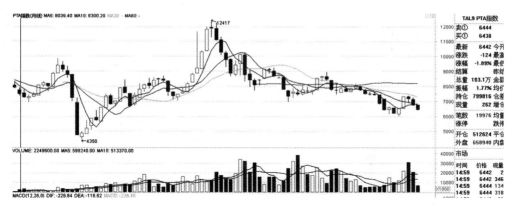

图 2-15 PTA2014 月线图（2015~2016 年）

开火就要连续生产，不能停火，因为重置成本要几千万元，厂商不愿意承担这个成本。所以玻璃产量一路上行，而需求随着地产的消退一路下行，完美诠释了基本面供需决定价格的原理（见图 2-16）。只要认对方向，这行情和印钞机有区别吗？

图 2-16 玻璃周线图（2012~2014 年）

玻璃周线图（2012~2014 年），顺着基本面方向操作，想不挣钱都很难。

十二、鸡蛋（未来的生猪期货）

鸡蛋是做多 CPI 的最佳标的，这是它的金融属性。同时作为商品，鸡蛋属必需品，消费稳定，而且稳中有涨。供应量有季节性和一定的断档期，比如补栏量不足，祖代鸡数量不足，鸡蛋的产量一定下滑。进入 2014 年，人们对货币放松的预期加上蛋鸡补栏量不足，上半年鸡蛋走出了一轮上涨行情，随着预期落空和补栏鸡数量上升，加上多头平仓，鸡蛋进入了几个月的调整期，如图 2-17 所示。

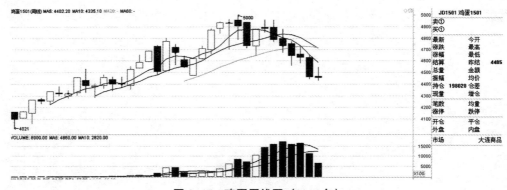

图 2-17　鸡蛋周线图（2014 年）

十三、两板（纤维板、胶合板）

两板主要是做家具和装修的原料，需求量稳定，产量也平滑，是极其典型的弹性投机品种，经常有投机资金在里面兴风作浪，走出大宽幅震荡的行情。因为涨跌的确定性逻辑可以解释，也就是都有理由，所以大趋势行情是没有的，只有波段的大宽幅震荡，如图 2-18 所示。

图 2-18　BB 胶合板周线图（2014 年）

十四、国债期货

国债期货主要对利率进行交易，利率上升，国债期货的价格就下跌；利率下降，国债期货的价格就上升。而利率主要由央行的货币政策决定。所以国债期货实质就是金融市场资金流动性的反映。目前国债期货的参与者以机构为主，未来随着利率市场化的进行，必将是金融期货中的王者。

国债期货 TF1412 日线如图 2-19 所示。

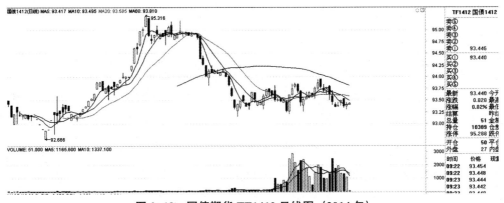

图 2-19　国债期货 TF1412 日线图（2014 年）

其他还有一些品种，如甲醇、沥青、小麦、水稻等，都可以按照基本面供需来分析。应结合各个品种的产业链，综合分析供求关系，并考虑下一期（未来的）供求关系。

第四节　宏观分析与经济周期

不懂宏观，别说自己是搞对冲基金的。美国几百家对冲基金公司，管理资产少的几百亿美元，多的上千亿美元，其中大约50%的资金是做"宏观交易"的。宏观交易资金容量无限大，利润空间相当大，确定性极高，是所有对冲基金的王冠上的明珠。但是美国人也好，亚洲人也好，真正懂宏观交易的人不多。还有一种可能是美国人玩转了，但是他不告诉你，每家对冲基金都有保密协议，核心的合伙人拥有很大的权益，对冲基金的核心竞争力就是自己的投资研究能力，他们100%不会把自己的真实的研究成果、逻辑推演、数据基础告诉你。顶多在媒体上含含糊糊吆喝几句似是而非的观点，误导别国的低水平金融机构和投资者。很多国际大行的分析师专门干这事儿，甚至误导别国的政府，真是无所不用其极！

做宏观研究应该如何入手？如何判断？笔者给出两个简易的模型。一个模型用于研究判断宏观，可以指导"宏观属性"强的交易商品，比如黄金、白银、美元、日元、欧元、国债、股指；另外一个模型用于研究判断经济周期，用于指导"周期属性"强的商品，比如铜等大部分工业品。

一、宏观模型

将全球看作一个国家，一个央行（美联储）。则有以下几种情况：

（一）美联储量化宽松或者降息，美国经济整体向好，无加息预期（2009~2012 年）

（1）买进美股，买进别国国债。

（2）买进与美国利率负相关的资产，比如香港楼市，买进成熟经济体的股指。

（3）抛空美元，以及美元平行资产。

（二）美联储处于量化宽松或者降息，美国经济整体向好，但是有加息预期（2014~2016 年）

（1）停止买进美股。买进他国股指（欧洲、日本、亚洲）。

（2）买进美元，卖空美国股指！

（3）卖空原油、布伦特原油期货，卖出黄金、白银铜、农产品等绝大多数大宗商品。

（4）抛空与美国利率负相关的资产，比如香港楼市、小国国债。

（三）美联储处于加息周期，美国经济表现优秀，无降息或者宽松预期

（1）买进美元，买进美债。

（2）买进部分成长股，不操作股指。

（3）大宗商品分化，金融属性去除。回归商品属性。

（四）美联储处于加息周期，美国经济表现良好，但是有降息或者量化宽松的预期

（1）买进美股，不操作美债。

（2）买进黄金、铜、白银。

（3）买进农产品，农产品有可能出现牛市。

（4）抛空美元。

二、周期模型

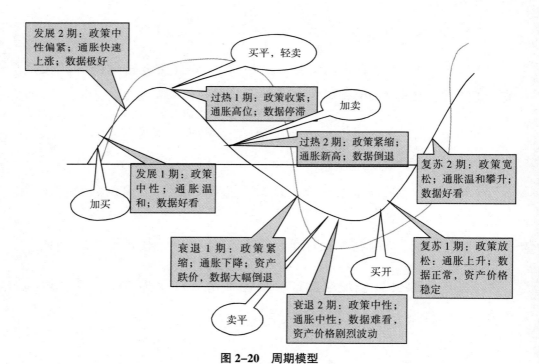

图 2-20　周期模型

注：浅色的为宏观经济，深色的为股指，适用于普适性研究。

按照图 2-20 可知，2014 年底中国处于衰退 2 期；美国处于复苏 2 期。

中国经济周期是独立的，可以用复杂钟摆模型解释，如图 2-21 所示。

中国的经济周期是独特的力量，必然按照这个规律走下去，未来的时间大家也可以自己画一画。笔者的这个经济周期模型是很厉害的，基本上表述了所有人都不懂的中国经济周期。读者注意研究一下这个周期图的"时间差"，可以预测经济的高点和低点。

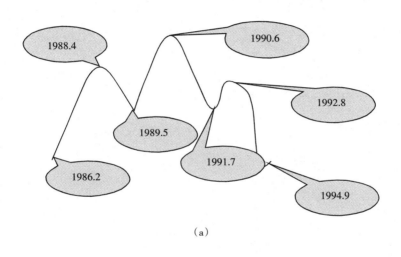

（a）

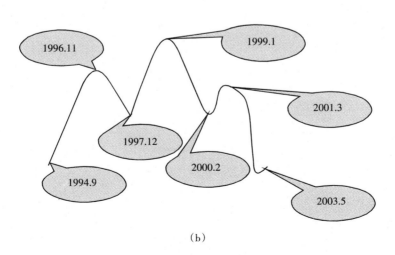

（b）

图 2-21　复杂钟摆模型

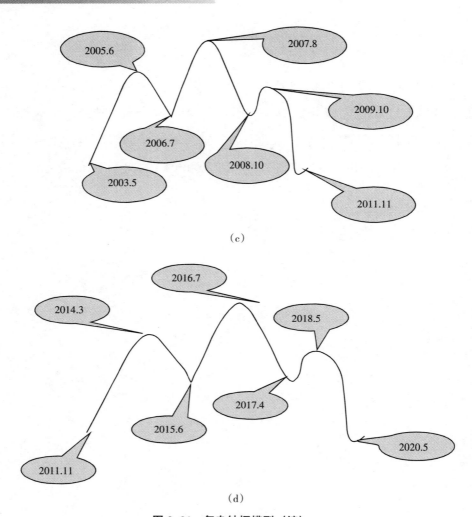

（c）

（d）

图 2-21　复杂钟摆模型（续）

第三章　两种最基本的交易策略

第一节　浮盈开仓与大趋势

做大趋势，是改变命运的一战，是期货大战。大趋势行情一旦爆发，就不会简单终止，最短的时间也会超过 1 年。1 年以内的行情都不叫大趋势，持续超过 1 年或者以上的行情才可以叫作大趋势。做一个趋势会改变一辈子的命运，这种事情，在期货市场太常见了。

当你确定一个大趋势将要来临的时候，首要的任务是确定目标位。只有先确定目标位，才可以确定并实施其他的计划。一旦目标位确定，当行情启动以后，可以突破一个整数位利用浮盈加一次仓。笔者利用亲身参与过的几个交易说明这种情况：

2013 年，笔者经过缜密分析，铁矿石的供应量至少是需求量的 10 倍，并且中国地产崩盘且进入衰退周期，铁矿石的需求消失（见图 3-1）。在 2013 年 12 月笔者发布微博说，2014 年最大的机会是做空铁矿石，做好的话可以使总资金翻 100 倍。由于笔者提前设定了

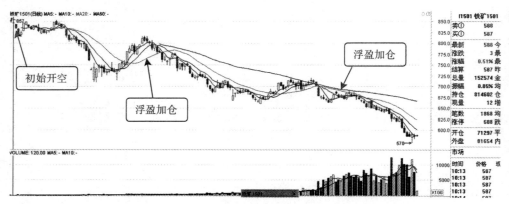

图 3-1　2014 年铁矿石 i1501 合约日线图

大连盘铁矿石的目标位是在 500 下方，所以 1409 合约 900 以上开仓，1501 合约 850 以上开仓，一路遇到反弹就利用浮盈加一次仓。目前笔者还持有不到 500 以下坚决不平仓。

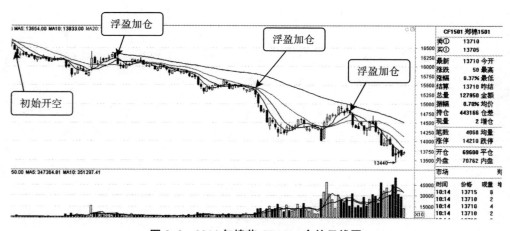

图 3-2　2014 年棉花 CF1501 合约日线图

2013 年笔者经过仔细研究，发现国储连续三年收购了 1200 万吨棉花，导致国内棉花价格畸高，库存居高不下（见图 3-2）。而且 2014 年棉花种植面积在扩大，美国、印度棉花全部大丰收。即使全球连续三年不种棉花，中国储备的棉花也足够用。何况下游纺织企业已经用涤纶长丝替代棉花了。所以 2014 年 1 月笔者义无反顾地建仓做空 CF1501 合约，一路持有浮盈开仓，并且准备持有浮盈开仓到 2015 年底，目标价格 10000，不到目标位绝对不平仓。

2013~2014 年，几乎每个月笔者都发微博告诉大家做空棉花，至少发了几十条。许许多多跟着笔者操作的人都赚了大钱，他们在小城市的，有的买了房、买了车；在大城市的，换了房、换了车。

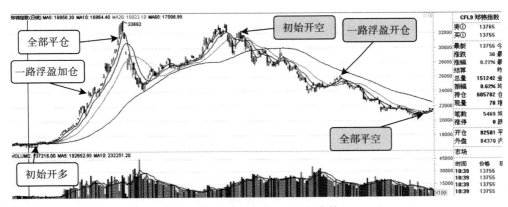

图 3-3 郑棉 2010~2011 年走势

2010 年，棉花价格连续低迷了十几年，通货膨胀已经让种植成本、化肥成本、人工工资翻了几十倍。当时国家还没收储，大量棉农弃地不种，国库里无棉花可用。棉花价格势在必涨！当时笔者设定的目标位 30000，初始建仓 13000，2010 年 8 月 27 日起涨，由于笔者确定他是大行情、大趋势，一路在 25000 以下浮盈加仓，30000 以上到达目标位全部平仓。这次操作完美诠释了什么是大趋势。

2011 年 2 月，棉价到达 32000 高位，这已经是几十年来的历史高位，国家的态度是保护纺织厂，建立合理价格体系，维持棉花长远发展。这个 32000 的价格实在太高，不可能长期站稳，但笔者也不知道跌多深。在技术形成双头的时候，笔者开空，一路浮盈加仓，由于笔者不是很确定目标位在哪里，只加仓了 2 次，做了几个月，在 2011 年 9 月平仓了。后来随着国储库里的棉花越来越多，棉花价格一路下跌，直到现在都在跌！

第二节　盈利取出与震荡波段

大趋势行情产生的条件是供需严重失衡，而且预期未来失衡会加剧！这两个条件缺一不可，那么很显然大趋势行情并不是天天都有。

笔者定义持续一年以上的行情，涨幅超过 1 倍的行情才是大行情，其他的是震荡或者波段。在震荡波段里，我们绝对不能浮盈开仓，应该盈利取出，赚了钱就出金。随着累计出金次数的增多，本金可能早就赚回来了。比如投入 500 万元，今天赚 30 万元，明天赚 10 万元，做了两三个月之后，出金 500 万元，期货账户里还是 500 万元，本钱就回来了。以后即使止损两次也没关系。

大部分行情都是震荡或者小波段，所以盈利取出很重要，保持这种意识也很重要。钱已经回到银行账户，与期货资金账户分离，这是最保险的风控措施。很多国营的基金公司老是犯"国企病"，整天搞办公室政治，风控团队设置几十个人，一个风控总经理，好几个风控总监。这些东西都不顶用，还不如老农民的东西管用。

2013 年 11 月，鸡蛋期货刚刚上市，定价偏低。笔者认为可能会有一个急速拉升的动作，即使不拉升，也不会跌很深，有价值底线，值得做多。于是 2013 年 11 月 11 日果断多单入场，并发表微博告知大家。随后鸡蛋价格急拉，回碰均线后又是一个急拉。赚到钱之后由于笔者预判并没有大行情，所以直接盈利取出，平仓了，如图 3-4 所示。

图 3-4　开多鸡蛋

2014 年 5 月 26 日，黄金横盘多日突破无望，加上美联储加息预期，因此做空黄金是正确的方向，跌多深不是很确定。空进去之后，三天就平仓，盈利取出。后来黄金果然急速反弹，如图 3-5 所示。

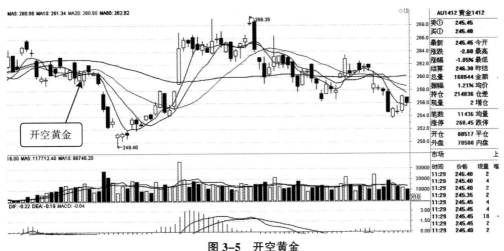

图 3-5　开空黄金

2014 年 8 月 18 日，大豆经过连续反弹后处于高位，而农产品熊市格局已经确立（见图 3-6）。技术上也走出经典头部，所以果断开空。但是考虑大豆里面的投机资金太多，很难形成大趋势。于是三天后立即平仓，盈利取出。如果按照浮盈加仓的模式，三天后应该加仓而不是平仓，那么所有的盈利就都没有了。

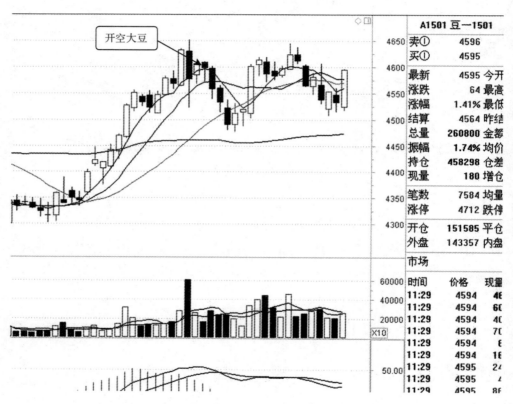

图 3-6　开空大豆

第四章 交易过程中的资金管理

第一节 不同品种的节奏把握

不同品种的节奏把握，极难，弄不好会拉低收益率。有的品种同涨同跌，但大部分品种不同涨不同跌。我们做多个品种，不是为了对冲，一个收益率高，一个收益率低，那么总收益率不就拉低了吗？如果一个收益率为正，一个收益率为负，那么不是对冲抵消了吗？假如持仓半年，那么这半年不是白忙活了吗？

所以我们的目的要明确，做多个品种，是为了增大收益率，增大利润，不是为了对冲，不是为了多品种而多品种。经过长期的实战，经历过刻骨铭心的感悟和一些"血淋淋"的鲜活教训，笔者得出了以下操作"多品种"的经验：一是品种要少，1亿元以上的资金，至多同时操作3个品种；1亿元以下资金，绝对不应超过2个品种。二是确定性要大，大到什么程度？两个品种的确定性都是100%，即绝对能赚钱，100%会朝着你所开仓的方向运行。三是其中一个品种的目标位必须100%明确，另外的一个品种的目标位模糊一点没关系，但是至少有一个品种的目标位是极其明确的。如果两个品种的目标位都不明确，那就不要多品种，应单品种运作。

2013年1月，铜价拉起一波上升，当时主力合约1305价格最高达到62000，这明显是开空的良机。因为铜的过剩，中国经济的转空已经成为基本事实，去金融属性也迫在眉睫。笔者当时判断铜的大熊市会持续三五年。到2013年中，铜的第一目标位48000，这是非常确定的。当时的资金量比较大，决定建仓PTA和铜同时开仓。PTA的逻辑就是生产没有门槛，产能比较过剩，但是跌多少，跌到什么时候没法计算，因为厂商可以调整生产结构，调整产量。

铜开完盘两天后来了一大波，迅速到48000；平仓铜的时间是3月中旬，铜到了目标位必须平仓，这是笔者的原则。加上当时正好PTA反向波动，于是就都平了仓，如图4-1所示。

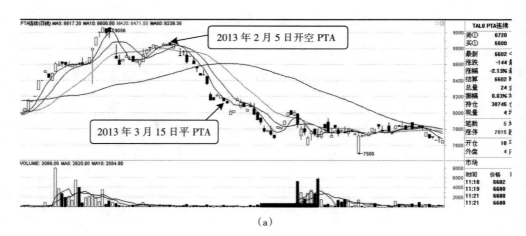

（a）

图4-1　平仓

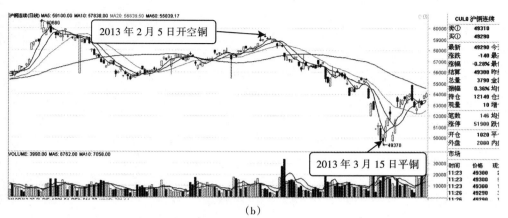

（b）

图 4-1　平仓（续）

　　2013 年 12 月初，铁矿石刚刚上市 2 个月，价格波动不大。根据基本面分析，黑色系都可以开空。中国地产业将在未来几年内加速下滑，甚至归 0，铁矿石必空无疑，笔者果断建仓铁矿石。考虑焦炭也是炼钢的原料，也可以开空，于是隔两天又开空了焦炭。当时铁矿石刚刚上市，走势的节奏、行情的运行都没有历史规律可以遵循，不知道铁矿石和焦炭哪个快、哪个慢，只知道两个都有确定性可以赚钱。后来的实践证明，焦炭跌势稳，走势平滑；铁矿石走势时缓时急，汹涌澎湃，反弹也涨势如潮。两个黑色系一起空，起到了平滑资产的作用，如图 4-2 所示。

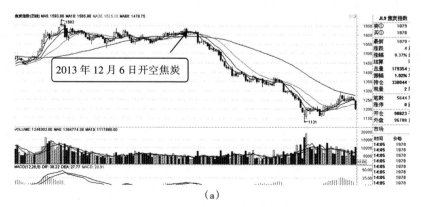

（a）

图 4-2　焦炭与铁矿石走势

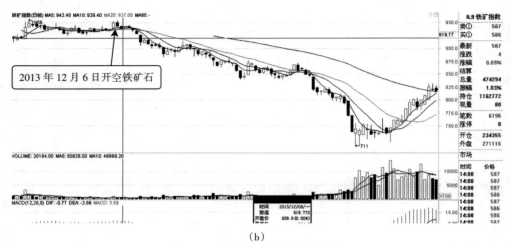

图 4-2 焦炭与铁矿石走势（续）

　　2014 年 4 月，笔者已经研究清楚玻璃的基本面，目标位定位到
1000 以下。因为玻璃的产能集中在 2014 年、2015 年释放，而需求端
大幅度萎缩。当时 FG1501 价格 1200 多，必然空之。这是笔者一个
朋友委托笔者管理的他的账户，总资金 1000 万元。笔者想单空玻璃
可能有些孤单，要再找一个确定性 100%且和玻璃产业链不相关的品
种同时运作，以便管理总市值。于是笔者把目光投向油脂，油脂的基
本面笔者也非常清楚，棕榈油释放出巨量产能冲击了豆油，大豆连年
增产，豆油产量也很高。油脂的基本面不是偏空，是极度空，空死没
商量的空。油脂和玻璃相关性极低，适合同账户双品种运作。于是几
乎同时放空了豆油和玻璃。玻璃走势如同教科书一样，沿着均线 45
度角一路下滑，根本不用看盘。豆油让笔者煎熬了一段时间，中间还
经历了恐怖的洗盘，然后呈现瀑布下泄，很壮观（如图 4-3 所示）。
最终的结果是：只要你有确定性，有目标位，一定能赚到钱。

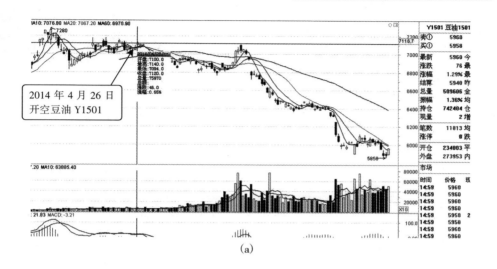

(a)

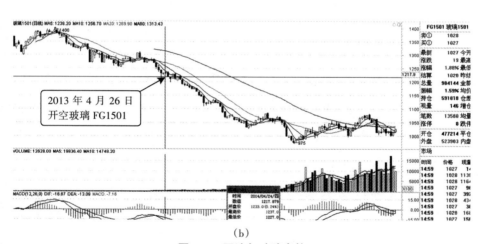

(b)

图 4-3 豆油与玻璃走势

第二节　相同品种的节奏把握

相同品种的节奏把握分为同一合约的节奏把握和不同合约的节奏把握。重点是同一合约的节奏把握。

同一品种同一合约的节奏把握，主要是清楚该合约的运动规律。如果是做空，就在波段低位低平空，反弹起来再重新开空，不可翻多；如果是做多，就在波段高位时候平多，回调回来重新开回多单，不可翻多。应该以一部分仓位来进行节奏性操作，另一部分仓位守住原来的趋势，作为主仓。

相同品种不同合约的把握：

第一种情况：主要是做空的时间，空头趋势的时间，由于预期未来基本面会继续恶化，远期合约可能会贴水，跌得快；做多的时间，多头趋势的时间，由于预期未来需求会增加，远期合约可能会升水，涨得快。这是符合正常预期的情况，但是事实有时往往出人意料，这种升贴水结构经常会变化，确定性不是很大。

第二种情况：一个品种只有一个主力合约，那么主力合约和非主力合约之间必然存在着极大的价差。近月和远月之间的价差有时间会急剧缩小，有时间会急剧放大，有时间一个涨一个跌，一个顺基本面，一个逆基本面。这时候应该顺基本面重仓做主力合约，主力合约行情停滞的时间，非主力合约也许会表演，可以轻仓参与非主力合约。

第三种情况：一个品种有两个主力合约，一般都是一个合约快，一个合约慢，一个合约走势平稳顺趋势，天天收光头光脚的大阳大阴线；一个合约走势折腾弹性大，反向波动剧烈，天天收长上下影的大 K 线。这时应该将两个合约配置差不多的等量资金顺基本面进行。

一、同一合约的节奏把握：用 10% 的空间，做出 50% 的利润

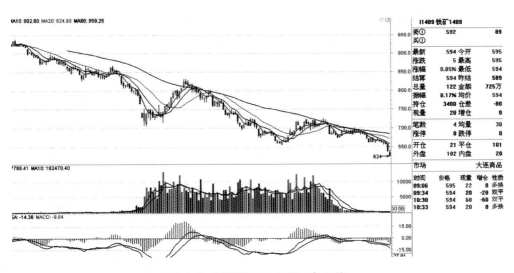

图 4-4 铁矿石 i1409 2014 年日线

铁矿石主力合约 1409 的运行规律：短线（10 交易日内）碰到 5 日均线就加速下跌，远离 5 日均线就横盘向 5 日均线靠拢（见图 4-4）。因此笔者一直都是远离 5 日均线，平空，靠近 5 日均线加空，做了 20 多个小差价，利润率提高了 1 倍。

中线（波段）的运行规律：一旦 5 日均线和 10 日均线交叉，并

且伴随放量阳线，则反弹目标位是 60 日均线。因此 2014 年 2 月、3 月、6 月的三次较大反弹笔者都避开了。到了 60 日均线附近再度满仓做空，整体利润率比单纯"一直拿着"提高了好几倍。

棉花合约的运行方式和铁矿石就不一样。棉花主力合约 1501 的运行规律：横盘一段时间，突然加速下跌；横盘一段时间，突然加速直线下跌；横盘震荡一段时间，突然加速直线下跌。而且横盘的时间比较长，下跌的速度比较快，如图 4-5 所示。因此笔者操盘棉花CF1501 的时候基本都是横盘的时间轻仓做短线，主力资金腾出去操作铜、黄金等短线波段机会（也是确定性 100%的，下同，笔者提到的机会都是经过深入的基本面研究得出的确定性机会，不是确定性机会笔者不做）。提高了资金的使用效率，等到横盘或者震荡的末期，加仓做空棉花，不错过主跌段。

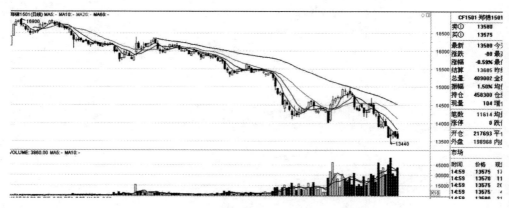

图 4-5　棉花主力合约 CF1501 2014 年日线

2013 年笔者操作铜的时间，1 月底 2 月初建仓空单 60000 多，设定的目标为 48000。因为铜的走势波动大，上蹿下跳的没有明显的短线规律，因此知道 3 月中旬达到目标位 48000 之前，一次都没动过账户。平仓完成之后恰好铜大反弹，在 52000 震荡了两周之后，再次果断战略开空，跌到前期新低之后平仓（见图 4-6）。资金管理就是时间管理，资金管理就是节奏把握。

图 4-6 2013 年铜的日线

二、相同品种不同合约之间的节奏把握：抓住间隙，提高效率

2014 年 6 月 16 日，棉花运行在笔者事先预设好的空头趋势中，但是当日 CF1501 急拉，笔者观察到 CF1409 弱势并且处于空头即将爆发的爆破点，于是用多余的空闲资金开空 CF1409，几天后的 6 月 24 日，CF1409 大跌（见图 4-7），果断平仓出场，加仓到一直横盘的 CF1501 合约中，提高了资金的利用效率，提高了总收益率。

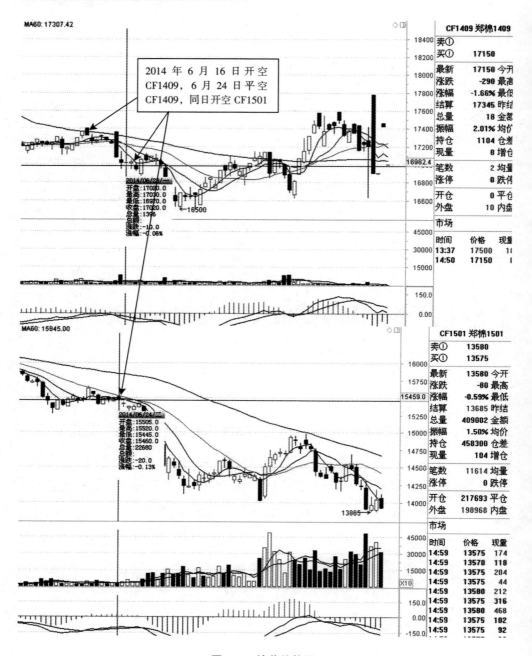

图 4-7　棉花趋势图

第三节　资金管理就是时间管理

在基本面方向确定、大趋势确定的前提下，有些人仍旧交易不好甚至赔钱，这是因为没有选准"临界点"。在基本面方向确定、大趋势确定的前提下，我们完全可以抛弃基本面，抛弃大趋势，沿着市场的最小阻力方向操作。

看完一个经典的真实的故事，你就明白了：

1910 年，利弗莫尔对棉花强烈地看涨，并形成了明确意见，认为棉花即将出现一轮很大的涨势。但是，就像常常发生的那样，此时市场本身尚未准备好。然而，他一得出结论，当即一头扑进棉花市场。最初以市价买进 2 万包，价格受到刺激稍做回升便很快回到原地，只得平仓；几天之后，该市场再度对他产生了吸引力。它在他脑子里挥之不去，他就是不能改变原先认为该市场即将形成大行情的念头。于是，他再次买进了 2 万包。历史重演。他买完后市场跌回到起点。于是他平掉了自己的头寸，其中最后一笔再次在最低价成交。如此在六周之内重复操作五次，每个来回的损失都在 2.5 万~3 万美元。结果不仅累计亏掉了 20 万美元，更要命的是因此与 100 万美元的利润失之交臂。

在经过多次打击后，他一气之下向自己的经理人下令，让其在第二天将棉花行情报价去掉。他不想到时候禁不住诱惑，再多看棉花市场一眼。可就在他去掉棉花行情报价、对棉花市场完全失去兴趣的两天之后，市场开始上涨，并且上涨过程一直持续下去，直至涨幅达到 500 点。在这轮异乎寻常的上涨行情中，中途仅仅出现过一次向下回落过程，幅度为 40 点。就这样，他失去了有史以来自己判断出的最具有吸引力、基础最牢靠的交易机会之一。

对于这种令人郁闷的结局，他总结出了两个方面的基本原因。首先，没有充分耐心地等待价格行情的心理时刻，等时机成熟后再入市操作。事先他就判断，只有棉花的成交价上升到每磅 12.5 美分，才说明它真正进入状态，还要向高得多的价位进发。事与愿违，他不曾有那份自制力去等待。其想法是，一定要在棉花市场到达买入点之前再额外多挣一点，因此在市场时机成熟之前就动手了。结果，他不仅损失了大约 20 万美元，还丧失了 100 万美元的盈利机会。按照本来的计划，他预拟在市场超越关键点之后分批聚集 10 万包的筹码，这个计划早就刻在脑子里。如果照计而行，就不会错失从这轮行情盈利 200 点左右的机会了。其次，仅仅因为自己判断失误，就纵容自己动怒，对棉花市场深恶痛绝，这种情绪和稳健的投机规程是不相协调的。他的损失完全是由于缺乏耐心造成的，没有等待恰当时机到来以支持自己预先形成的意见和计划。

结论：在扎实的投资分析基础上，在与基本面同向的趋势"临界点"给予致命的一击！资金管理就是时机管理，因为你的钱就那么多，要提高效率，就要把握时机，在正确的时机出击，才能提高资金管理的效率，而不是四处出击。

第五章 笔者的开仓点、平仓点与交易系统

第一节 笔者的开仓点

一、绝对价格开仓

这是基本面交易者必备，即按照交易计划的目标位，如果盘面价格离目标位有很大的距离，就可立即开仓。剩下的日子，就靠时间了；守住自己的仓位，持有自己的仓位；遇到反向波动要加仓。这是笔者的初心。

2014 年，白糖库存处于历史高位，巴西糖丰收在望。因此白糖可以做空，根据测算，目标价位 4000，于是在 5200 以上高位开仓做空，绝对安全，如图 5-1 所示。

图 5-1   2014 年白糖主力合约 SR1501 运行图

2014 年，东南亚棕榈树进入收割期，到达产能的高峰段，未来几年都会处于高产能、高产量周期。经过 2014 年春季的技术性反弹，国内大连盘 P1501 合约处于 6000 以上的高位，根据供需平衡表，若达到供需平衡，价格至少在 5000 以下（见图 5-2），在绝对的安全高位做空属于"无风险套利"。

图 5-2   棕榈油主力合约 P1501 的 2014 年日线图

二、良好的爆发点

主要有震荡后的结束点，也即恢复趋势的时间点；超级反向波动的绝对价格点；打开空间的大 K 线；处于长期多条均线某侧的小 K 线；绝对价值的背离点（比如要做多，跌得深了，底部背离，反之则反）；经过一段时间横向（两周至两个月）的末段。

2014 年 8 月 22 日，RU1501 经过两个多月的盘整震荡，回测震荡下轨，弱势无望突破，极大可能回归趋势性大跌。而且橡胶属于产能极大的周期，橡胶树属于 "一次种植，多年收割" 的作物，产量基本上可以视为无限大。需求方面，中国经济降速，欧洲疲弱不振，所以做空是趋势，在这个点做空是认可 RU1501 合约将恢复跌势，果然之后橡胶大跌，如图 5-3 所示。

图 5-3　2014 年橡胶主力合约 RU1501 运行图

2014 年 8 月，美联储释放出 QE 退出甚至加息的预期，美元持续走强，黄金和美元一向呈现反向关系，此两种因素综合得出结论：黄金必然大跌。2014 年 9 月 1 日，AU1412 收出小 K 线，空单果断进场，结果黄金顺势大跌，如图 5-4 所示。

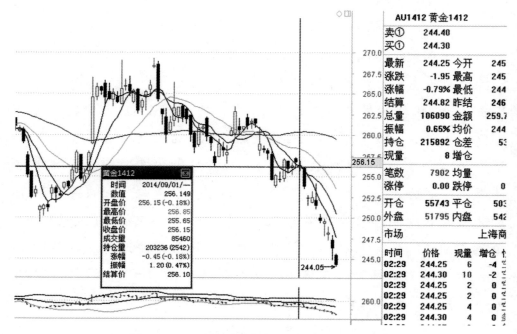

图 5-4　2014 年 9 月黄金主力合约 AU1412 运行图

三、反向波动的顶点

比如上升趋势中的下跌，跌完了必须还得涨；下跌趋势中的上涨，涨完了必然还会跌。反向波动衰竭的时间点，是非常好的介入点；只做基本面的同向，不做反向。

RM1409 合约经过前期轧空行情，运行到 3000 以上的高位横盘，这在农产品熊市的背景下是站不住脚的，而且菜粕是没有刚需的，有很多东西比如豆粕、玉米都可以替代菜粕，需求并不支持这么高的价格，因此在高位做空是可行的。2014 年 6 月 25 日笔者在高位果断开空菜粕，后面几个月菜粕连续大跌将近 1000 点，如图 5-5 所示。

图 5-5　菜粕主力合约 RM1409 2014 年运行图

2014 年 5~7 月，连续跌了一年多的 PTA 走出了一轮幅度比较大的反弹行情（见图 5-6），这主要是由于厂商"限产保价"，联合起来将生产装置停车造成的。笔者考虑到这种博弈是不可持续的，因为价格一旦上去，厂商之间的这种串谋就会被打破，谁都会想让别家限产，自己家开足马力生产赚大钱。因为整个行业的产能过剩极大地制约了价格，因此在反弹的尾声就可以放心大胆地做空。做空才符合基本面方向，反向波动就是给你送钱。

四、趋势的追击性开仓

不做预测性开仓，不做与基本面宏观面反向的开仓。如果一个趋势是与基本面（宏观面）同方向的，即使刚开始没有预判，也应该当机立断，抓住"当下"，追击趋势。

2014 年 7 月底，沪深 300 指数已经横盘了半年，当时政府推行"强改革"，各种审批权下放，企业盈利普遍上涨。而深 300 指数虽然已经连续 7 年熊市，但是每一年的年内都会有一轮大幅度的波段上涨。2014 年 7 月 22 日，股指拉大阳线飙升，多条均线支撑而且布林

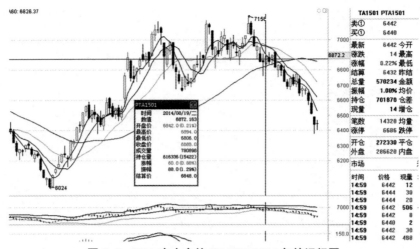

图 5-6 PTA 主力合约 TA1501 2014 年的运行图

通道突然放大，这是大行情要来的征兆（见图 5-7）。果断杀入做多，后面股指飙升。

图 5-7 2014 年股指期货主力合约 IF1412 运行图

2014 年，国际投行和国内期货公司的投资研究报告同时指出：锌的储量有限，产能有限，未来三年将面临短缺。笔者经过调研国内有色金属企业，以及调研锌的需求方企业，认为概况确实如此，于是做多锌符合基本面的方向。一旦技术走势形成多头趋势，则进场做多必然能赚钱。2014 年 6 月底，锌价突破平台，形成多头排列，布林通道放大形成支撑（见图 5-8），于是追击趋势进场做多，后面果然形成一大波多头行情。

图 5-8　2014 年金属锌主力合约 ZN1412 走势

五、震荡的上下沿开仓

趋势运行一段时间，必然进入震荡，震荡一段时间，必然进入趋势。这是 100% 的绝对真理。一旦确认行情进入震荡，"果断"就成为必要的素质和手段。要在震荡的上沿平多开空，震荡的下沿平空开多。你有多果断，胜利的果实就有多大！

2014 年 8 月棉花经过长期的下跌，有望在 14000 左右止跌反弹并维持一段时间的震荡，8 月 1 日，CF1501 合约跌破 14000（见图 5-9），笔者果断将空单获利，了结平仓离场。第二天，大量的获利空单意识到这个问题，开始竞相平仓离场，CF1501 反弹至 14900，然后在 14000 和 15000 之间维持了一个多月的震荡。笔者在 14800 又加回空单，回归趋势操作。

图 5-9　2014 年棉花主力合约 CF1501 运行图

2014 年初，笔者判断鸡蛋大涨，微博也做了说明，到 2014 年 5 月底，鸡蛋经过连续大涨后出现了回调，笔者考虑回调只是一个震荡，应该在下沿再次做多，等第二次拉高后再去做空。果然 6 月 4 日企稳后多单入场，鸡蛋拉起第二波多头行情，随之进入高位震荡，笔者则在 7 月底的 5500 上方高位空单入场。一个正反手，利润扩大了好几倍。

禁止条款：绝对不做和基本面（宏观面）反向的开仓。

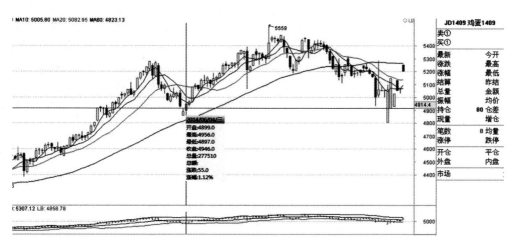

图 5-10 2014 年鸡蛋主力合约 JD1409 运行图

第二节 笔者的平仓点

一、绝对价格平仓

盘面的价格达到交易计划和规则中的目标位，就平仓，后面那一段鱼尾中的鱼尾尾，不要了，去做别的品种一样可以补回来，不要稀罕它。这就是我的初心。

2014 年，笔者同时做多 JD1501 和 JD1409，1501 合约在 7 月份到达了笔者的目标位 5000，并且徘徊不前，于是果断平仓，之后1501 合约跌势绵绵，如图 5-13 所示。

图 5-11　2014 年鸡蛋 JD1501 合约运行图

2014 年上半年顺着趋势和基本面做多大豆主力合约 A1501，5 月底的时候大豆价格已经到达目标位 4500 上方，并且形成顶背离（见图 5-12），于是果断平仓。后面大豆果然大跌。

图 5-12　大豆主力合约 A1501 2014 年上半年运行图

二、良好的停止点

主要有趋势大爆发后进入超级大背离，浮盈巨大，可做保护性平仓。

2014 年 6 月底，豆粕高位徘徊 1 个月有余，前期多单浮盈巨大，考虑到即使再上涨空间也不大，而一旦下跌将会出现踩踏（见图 5-13）。笔者在 6 月 23 日、24 日平仓多单立场，其后豆粕跌停。

图 5-13　2014 年豆粕主力合约 M1501 运行图

2014 年煤炭品种整年运行在空头趋势中，做空就能赚钱，逆势必伤人命。2014 年 7 月初，煤炭开始突然加速连续下跌，跌势快、急，跌幅深。到 7 月 20 日跌势衰竭，底部背离（见图 5-14）。笔者手里的空单浮盈巨大，如果不做保护性平仓很有可能盈利回吐，于是果断全部空单离场，保护了利润，赢得了时间。

三、预期趋势

预期趋势结束将要进入震荡，则先平仓，平仓后观察是否进入

图 5-14　2014 年动力煤主力合约 TC1501 运行图

震荡，若进入震荡，则需要确定震荡的上下沿，按照震荡的模式操作；若未进入震荡只是趋势行情中的小的停顿和反向波动，则在反向波动中重新开仓；如果进入震荡，则震荡的上沿平多反空；震荡的下沿平空反多。

2014 年 7 月 4 日，铜从 43000 反弹到 50000 上方，告一段落（见图 5-15）。笔者考虑铜的空头趋势和空头基本面未改，但多方气势如虹，在 50000 左右应该会有争夺战，应该会进入震荡模式，于是就平多开空进入震荡模式，跌下去再开多。趋势果然在 7 月底 8 月初再次摸高，利用震荡模式操作利润和趋势差不多。

图 5-15　2014 年铜主力合约 CU1501 运行图

2014 年 5 月底，螺纹钢触底企稳（见图 5-16），考虑到反弹也弹不到，大度杀跌没有动能，很有可能进入震荡，于是果断切换操作理念，进入震荡模式，高点平多反空，低点平空反多。后来在震荡的两个多月内获利 50%，相当于一个大趋势。

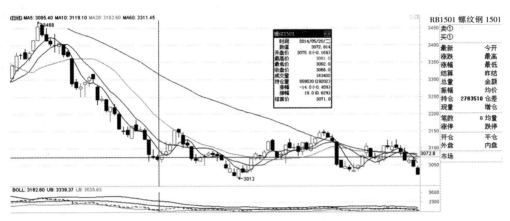

图 5-16　2014 年螺纹钢主力合约 RB1501 运行图

甲醇是化工品，其特殊的生产结构和特殊的消费结构注定了很难走出大趋势行情，只可能上下震荡（见图 5-17）。只要按照震荡行情的模式操作就能赚钱，若是按照大趋势突破加仓的模式操作，必然来回"挨耳光"。

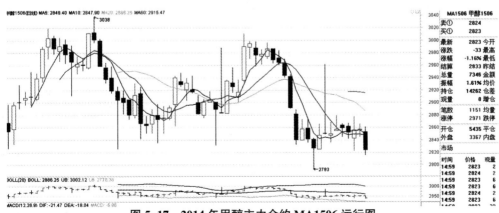

图 5-17　2014 年甲醇主力合约 MA1506 运行图

四、止损性平仓

止损的条件只有一个，那就是方向确实搞错了。如果方向没搞错，只是一个反向波动，则不应该止损平仓，而应该加仓。

2014年8月6日，黄金的基本面和宏观面一直是空头，当时K线运行到多条均线之下，有可能演变成大的跌势（见图5-18）。当日空单进场，但那天晚上乌克兰危机发酵，黄金连涨两天，考虑黄金里面的投机资金很多，有可能暴涨暴跌。所以先止损平仓出局，后来再次做空，于9月1日进场。

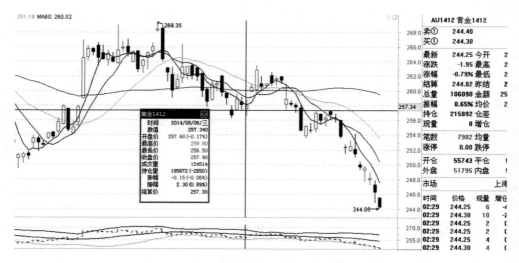

图5-18　2014年黄金主力合约AU1412运行图

五、调整性平仓

在多品种运作中，有些快，有些慢；有些目标空间巨大，有些目标空间小；有些保证金高可开的手数少，同样的空间赚的钱就少。如果某个时刻，快的、空间大的、利润高的品种要启动，则不论盈亏，无条件放弃其他的品种，立即加入这个要爆发的品种上。这就是"多品种，多策略"的资金管理本质。

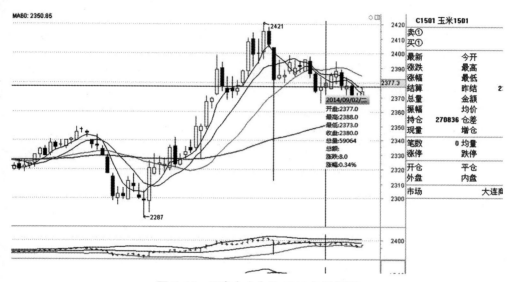

图5-19　玉米主力合约2014年运行图

2014年8月18日，笔者做空了玉米，主要是基于高库存和美国的丰产（见图5-19）。但是玉米跌得不是很流畅，一步三顿，影响了资金的使用效率。于是笔者果断于9月1日，以及9月2日平仓出局，做黄金、棉花、铜等别的品种去了。

禁止条款1：趋势刚开始，绝对禁止平仓！趋势刚运行不到一半，绝对禁止平仓！趋势在运行，只做盈利取出，不平仓。

禁止条款2：刚刚建仓，浮盈浮亏均不大，不得以调整持仓的理由平仓，应该明确有爆发力的品种后再平仓调整。

禁止条款3：如果趋势运行到开仓位与目标位的前50%范围内，反向波动加仓；运行到开仓位与目标位后50%的范围内，如果遇到反向波动才可平仓或者部分平仓。

第三节　笔者的交易系统

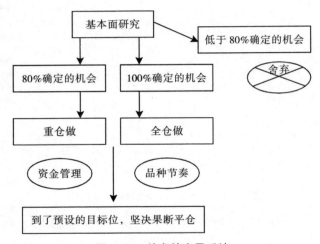

图 5-20　笔者的交易系统

第六章　笔者特殊的交易心得

第一节　确定性的来源

每个品种（农产品、化工品、工业品、基本金属、贵金属、利率以及利率期货期权、外汇货币、股指、股票、原油、能源）都有它独特的基本面和相关影响因素，这一点 K 老师有点不厚道，压根不提。入市点的确定有一个前提：你对交易的品种了如指掌，并且确定（100%），或者大概率（80%）地知道这个品种在未来半年到 1 年的运行方向。只有有了明确而坚定的方向，入市点和其他交易策略才有意义，否则都是空中楼阁，根本不符合投机的第一原则。很显然这里有"第三种确定"，也就是你首先要知道方向，比如笔者预判过的铜的大跌，铁矿石、焦炭、鸡蛋的多头。K 老师完全回避这点，让交易者不断地去试错，这不太好。交易者绝对不能不断地试错，试错两三次，资金也没了，信心也没了，还玩什么？

这点是期货投资的基石，就好比炒股票知道了消息，就好比排队买房有了开发商给你的"号子",就好比双轨价格你的价格比别人低。没有对每个品种的深入研究,就不要炒期货。确定性的来源就是你对品种的研究,以及对未来方向的确认。

笔者研究比较深入、比较有把握(确定性 80%)的品种有:基本农产品(豆、棉、油脂),基本金属(铜+锌铝等),黑色系,煤,炭。CPI 品种有:鸡蛋、未来的生猪。宏观品种贵金属有:金、银。笔者研究高度深入很有把握(确定性 100%)的品种有:股指、国债期货、股指期权以及个股期权。笔者研究很深入但是由于品种特性极度复杂,国际因素交织确定性介于 60%~100% 的品种有:化工类,能源类,软商品(咖啡、可可)。

基本上投机性越强的品种笔者的判断的确定性越强,这是因为与大多数期货人不一样的是:笔者是炒股票出身的,对股票、个股期权高度敏感、极度敏感,因此技术分析能力比较强。根据经验,基本上普通的股民比如上海股民的平均技术分析水平都要比炒期货很多年的人水平要高,这是我的经验之谈。期货人要继续努力提高自己的技术分析能力,技术分析能力很重要,否则某时间仓位重,扛不住就麻烦了。

不同的品种研究起来很复杂,如何搞清楚是一个很大的难题,这就是笔者的核心竞争力了。能把"方向"搞对才是王道,才是基石,才是确定性的来源。其他的交易策略,加仓、减仓等都是建立在这个基础上的。很多做期货的人搞反了,每天研究心态、加仓、策略、守仓、资金管理、进出操作等都是没用的。汽车要有汽油才能开,没汽油踩油门有什么用?国家的竞争要看你有没有核武器,没有核武器有什么用?

这些品种虽然复杂,其实简单分类可以解决很大问题:比如有些品种确定性的来源是基本面供需决定的;有些品种确定性的来源是宏观的变化；有些品种确定性的来源是产业链的博弈；有些品种确定性的来源是政策的变动；有些品种确定性的来源是资金力量的推动。每个品种一般只有一个主要的确定性来源，其他的因素是次要的。如果你把影响确定性的主要因素判断错了就会出问题。因为明明那个不是主要因素，但权重搞反了。比如影响黄金价格的主要因素是什么？很多人有不同的答案，美联储主席都说他搞不懂。笔者认为影响黄金价格最主要的因素（确定性来源）不是供需和消费，不是资金的投机（几百年来很多历史金融名人曾经栽倒在黄金上），而是宏观变动和技术分析。一个极大值，一个极小值。两个极值结合可以非常准确地判断黄金价格，笔者微博都有提示。宏观变动是极大值，技术分析是极小值，两者同向共振，方向就出来了。

技术分析的一些理论很经典，技术分析是市场运动的节奏，像是乐谱那样，但有些有效、有些无效。笔者认为无效的理论是波浪理论、江恩理论、乱七八糟的技术指标，有效的技术分析是 5 根均线与 K 线的结合，量价时空。舞步是按照乐谱来走的，不懂技术分析，必然被市场捉弄。

其他的各种资金管理，各种仓位管理，以及各种交易策略、各种操作技巧，完全是每个人的性格和风格，就好比足球明星踢球的风格，罗马里奥和齐达内的风格就完全不同。但是没有确定性的来源判断，球就踢不进去，人家把球踢进去了，你管他是跳着踢还是倒着踢呢？

（1）入市点。在确定了某个品种未来半年或者一年的运行方向后，找准入市点，K 老师说得非常模糊，"趋势反转时"，废话！都知道趋势要反转了，一个新的趋势要开始了，当然要入市了，问题是如何判断"趋势的反转"。K 老师著书立说，实战交易以及各种蛛丝马迹表明：他使用长期均线 K 线判断中长期趋势，就是技术分析了，当然加上一些个人经验。这点基本无法复制、无法教学、无法传承。

（2）趋势分析正确时，金字塔加仓。这点就是精髓了，你可以理解为，趋势正确时，"死拿"，浮盈加仓，新入场资金加仓；也可加仓到相关品种。比如做空铁矿石比较确定，趋势明显，就可以集中资金做空螺纹钢。总之，意思是，做一个趋势，做完为止，别做一半就不做了，主要精力和资金集中起来做一个品种和方向（某个时期）。

（3）趋势判断错误时，立即砍仓出局。KISS（Keep It Simple, Stupid）—— 追求简洁。盈利时就长线，亏损时就短线。这些 K 老师只有简单介绍和一些实例分析。止损设得比较宽，对于他来说是应该这样，止损不能设太窄。

（4）钱是"坐"着赚回来的，这话李佛莫尔也说过。为了避免经常看盘，K 老师发明了各种方法打发无聊的时间，避免看盘，避免看账户，免得一看盘就错。真是天地良心啊，这真是金玉良言。一旦方向正确，建仓成本很低，那么就"OK"，这就是斯坦利克罗的精髓。

第二节　十大基本交易策略

任何的投资都是"投机"，任何的"投机"都是概率，任何的概率都需要策略。

笔者做期货投机的基本策略是：期货投机的基本策略和股票投机的基本策略是包含的。期货大于股票，股票比期货难一些。因为要选股，不确定性更强。很简单的道理，一轮行情来了，假设你看对了，但是股票没选对，一样赚不到钱。期货（以及其他衍生品）只要看对、做对方向一定能赚到钱。

所有策略的前提有一个基本假设：就是你的投资研究能力能保证你涵盖大部分品种，并且能保证以 80%~100% 的概率判断对该品种未来半年至一年内的方向。离开了合格前提，任何的策略都是赌博。

另外，笔者的策略只是笔者的投资性格和投资风格，并不一定适合你，而且也存在一些改进空间。但是笔者虽然投资研究水平比较高，但笔者是炒股票出身的，笔者是人群中（投资者中）最了解普通大众心理的。因此，笔者的交易策略是最简单、最普通的。可能对 80% 的人都适用，而且都能适应。就好比一块砖头，用在哪里都可以。

第一大策略：重仓开仓并守仓。机会看准了就要猛做，否则一手一手地玩，永远赚不到钱，仓位管理压根不存在，直接从 0 做到满仓。开仓点在行情爆发的前夜，如何判断，这个不是我不告诉你，是因为品种很多，判断也很复杂，一时半会儿说不清楚。

第二大策略：一段时间内集中精力做单一品种。多品种多策略容易思维混乱，这个品种的浮亏会影响到那个品种的浮盈，最终混乱了就比较麻烦。

第三大策略：只做单边投机。所谓的套利都是瞎忽悠，所谓的对冲都是自欺欺人。单边都玩不好，还玩什么双边、三边。哪有那么多无风险套利的好事？你相信天下有免费的午餐还来金融市场干吗？单边大行情是暴利的源泉、温床，每年至少 3 次，至多 10 次，就看你有没有慧眼了。

第四大策略：大行情浮盈加仓，小行情盈利取出。钱是"坐"

着赚来的，不是"操作"赚来的。杰西利佛莫尔和斯坦利克罗都通过自己的挫折经验证明了这个策略。

第五大策略：不做纯短线。波段行情可以结合短线，长线行情不做短线。

第六大策略："上车策略"，当你以七八成的把握预期一轮大行情将要来的时候，请一定第一时间先"上车"，不要等待更低的建仓成本、更完美的建仓机会。你等来的可能不是更完美的建仓机会，而很可能是更高的成本。很多人忽视了"上车"这个最基本的动作，导致了眼睁睁地看着一轮大行情擦肩而过。你"上车"以后可以加仓，可以减仓，可以平仓，具体的交易做错、做的不完美也没关系，赚多赚少也没关系，行情是波动震荡的，这很正常。如果没"上车"就很麻烦了。

第七大策略："简单策略"，做最简单的行情，做最确定的行情。不要试图因证明自己而去做复杂的有难度的交易（我曾经犯过很多次这样的错误，很多历史上的大师也犯过这样的错误）。做最简单的行情没什么错，不要为了以后炫耀自己的交易多厉害而去玩高难度动作。好好地当个老实人，吃老实饭。

第八大策略："技术分析的精准与活用"。大趋势、大行情的开始和结束阶段，行情的运行遵循技术分析。在大行情开始以后，所有的技术分析失效，超买要继续买，超卖要继续卖，正用反用技术分析。在行情的运行阶段，只看位置和价格，其他的一律不看。

第九大策略："平仓第一、平仓优先"。一般情况下，在你第一眼看账户的时候是平仓的最佳时机，第二眼看账户的时间必须平仓。平仓没有任何统一的法则，完全凭主观，因此不好把握。只要盈利了，任何时点平仓都不能算错，在这点上我比较保守，有点"阿Q精神"也未尝无可。只要不亏损就是最大胜利。自我加压、自我表现、自我追求完美往往会犯更大的错，也找不到最好的平仓时机。不要等待，不要试图再去找更好的平仓时机，你感觉差不多了就可以了。另外，你也可以提醒自己周围的人比如股东、领导、客户、朋友、夫妻、同事等种种关系人，尽量给你减压，不要在平仓这个问题上施压。

第十大策略："自我策略"。以我为主，以它为用。它指的是外在的东西，基本面宏观面技术面分析，各种策略、各种心态、各种鸡汤。这些在没转化为自己的东西之前都是没用的。笔者小时候读武侠小说，其中有一点印象现在还很深，忘记是令狐冲还是袁承志，即很多人围着要进攻他，情势万分紧急，这时他使出了一招最基本的招数，结果被人看出来他是华山派的。因为人在最紧急的时候往往忘记那些华丽的、高级的东西，用最自然的、最纯熟的、小时候学的招数。这给笔者的启示就是本能的东西才是自己的，外界无论如何都无法把技能强行塞给你。你不把他变成自己的，那就一点点用也没有。交易本身就是个相当自我的事情。

"当下"，任何条件都是"当下"的，不能怀念过去的条件，不能期望未来的条件，只看现在的条件，现在最大的条件就是盘面。克服一些人人都有的、常见的但是又比较难解的心理障碍："贪，懦弱，逃避，后悔，恐惧"，克服的方法就是多练。必须靠交易才能赚钱。大行情趋势来了浮盈开仓，拿稳单子持住。震荡行情时，该买的时候买，该卖的时候卖，降低成本，等待趋势。如果等，等到了会就安心持有，该加仓时加，该减仓时减，错了就及时小止损出局，反正机会多的是。根据经验，好的操作频率为1周2次。1周1次操作也不一定是错的，1周操作2次以上就很容易犯错。投资这点事，一要把方向搞对，二要准备足够多的钱。剩下的事情能赚多少，就靠策略和运气了。

需要注意：不能中途变招，用一招就一直用，直到一个完整的操作轮回完成。不管交易结果怎样，一定要直面自己的交易结果，想出应对之策！绝对不能"无助持仓"，没有对策！中途一变招，前面错，后面也错！

好的机会，往往特别明显，基本都是水到渠成。太难把握的机会都不是好机会。把握住最简单的机会，不丢人！

一而再，再而衰，三而竭。在该买的时候买进，在该卖的时候卖出。而且所有买进和卖出动作的时间应该都是充裕的。所有时间不充裕的操作都不是好操作！操盘要有主动性，要有控制力，要坚决果断。开仓时候大小通吃，烽火雷霆。平仓时"手起刀落，下狠手杀"！整天无精打采等着别人决定你的命运，死定了！

眼到想到，脑到手到！手到做到！100%一致！

第三节　最近 10 年交易心得和感悟

（1）"充足时间理论"：如果开仓时没有充足的时间开仓，那它一定不是一个好的开仓点。如果平仓时没有充足的时间平仓，那么它一定也不是一个好的平仓点。充足的时间对每个人、每个周期不同。对笔者来说是 30~60 分钟。

（2）行情是有节奏和韵律的，要想把握住这韵律，首先要深刻理解群体性与个别性的关系。

（3）做投资，应该多做点脚踏实地的事情来锻炼自己的定力、忍耐力、自信力，比如有氧运动、足球比赛、阅读历史人物的传记总结他们的得失成败。切忌一边做金融投资一边做一些助长情绪的事情，比如赌博、赌马、纠纷、炒短线股票抓涨停板。这样不容易让自己的心灵处于一个"静"的状态，十分不利！

（4）基本面不需要"经常研究"，一般一年研究一次就可以了。只要研究得准，研究得深，确定性高就好！剩下的事情就是"倾听市场，沿着最小阻力方向前进"，"走势是最好的老师"。如果你真的懂技术分析，能够抓住短波段（1~4 周）的高低点那是非常完美的，若能继续抓住日内的波动那就是"神"！

（5）面对机会，没抓住是因为你不够敏感；你不够敏感是因为你不够深入；你不够深入是因为你不够了解。反推就是：全面深刻的了解，深入的研究，才能够敏感，才能够抓住机会！

（6）开仓和平仓，看似两个普通的动作。至少蕴含三个步骤：一是观察思索，二是衡量盈亏比率概率，三是确定仓位并进行动作！也就是说，你完成这三个动作，时间越短，越厉害。所谓"犹豫不决"、"坐失良机"都是因为某个环节断档。因为人做出一个动作必然是由后台的系统指引的。

（7）把趋势当成震荡做，没有错，最多少赚点；把震荡当成趋势做，反复错，要人命！鉴此，可以首先假定所有的行情都是震荡，先按震荡来操作；除非100%确定转为大趋势行情，这样做，基本不会错，而且提高了效率（趋势和震荡的时机需要切换）。

（8）如果没有在该卖的时候卖出，那么就不能在该买的时候买回；如果不敢在该买的时候买进，那么就无法在该卖的时候卖出！

（9）每个交易日收盘后，要把第二天可能遇到的情况罗列一下，并制定好针对的对策。避免临时性的盘中做决策！该出手时就出手，正是因为你该出手时不敢出手，导致了后来在不该出手的时候出了手或者该出手时出不了手！

（10）犹豫不决时应该果断出手，特别是接近平仓的时刻。胆子大、急于开仓的时候要缓一缓，应该还有更好的建仓点位。所以在该买的时候一定要出手，否则将来没法卖。在该卖的时候也一定要出手，否则低位无法平仓。这句话对于交易是非常非常重要的！

（11）所有的错误交易，其情绪来源都是贪婪，贪婪是万恶之源。管理好贪婪就管理好了心态。股票和金属交易最难，宏观交易次之，商品交易最容易把握。看到就想到，想到就手到，手到就做到！

（12）好的交易时间点为开盘后 15~30 分钟，中午开盘后 10 分钟，以及收盘前 15 分钟。先观察再交易。

（13）绝对不能进行犹豫不决的频繁交易，这是贪婪的一大表现。

（14）最重要的是开仓的时候。开仓时必须要克服心理障碍，克服干扰因素，表现出应有的果断和自信。因为开完仓基本没有别的选择，只能按照行情的运行被动选择止损或平仓。所以，开仓前三思，开仓时要雷霆万钧。开仓后就顺其自然吧。心理障碍主要是开仓的时候，平仓或者止损的时间基本上遇见心理障碍的时间比较少。因此，开仓时，就要确定最合理的仓位，做好对行情的预期、预估、预判。平仓时只能顺其自然了，因为根本没有别的选择，该止损止损，该平仓平仓。

（15）在行情刚开始的时候，贪婪一点。在行情要结束（或者处于震荡行情的边沿，有可能反拉）的时候，一定要 100%的警惕，100%的谨慎。

（16）平仓后绝对不反追！

第四节　笔者的核心竞争力、优势及劣势

一、三大进步

（1）进一步发挥了自己的核心竞争力、核心优势，那就是全品种覆盖能力，笔者既在黄金上赚钱，又能在股指上赚钱。当然农产品和工业品更不在话下。因为每个人都要把自己的强项发挥出来，比如笔者，经济学硕士，一毕业就在国务院部委，熟悉政府决策流程和政策制定流程，对笔者炒股票是极大的帮助。后来笔者又在美国上市公司工作，对国际金融和美国人的资本玩法深入研究。然后进入股市，与一些大机构（浙江、海南、北京、上海等地）建立了密切联系，即使不与一些大渠道联系，笔者单凭看盘做股票的能力也是稳健增长，但是笔者不喜欢这种纯投机的股票。这些都是一般的期货投资者不具备的。一般人都是专业一个品种，比如供需派，只能在工业品和农产品上有优势，在黄金、白银、股指上就不行了。比如宏观派，只在债券、外汇有优势，让他玩股指和股票就不行了。这是我的最大的核心竞争力，我要继续发挥、发扬、深入、精确！

（2）笔者的技术分析能力得到了极大的增强。技术分析水平纯粹是从炒股票中得来了。以前不是很系统，经过反复在期货上的实验，已经得出了有确定性的技术系统，非常准确。技术系统好比洲际导弹，指哪打哪。核心投研能力好比航空母舰，提供发射载体。技术

分析的精确定位能力是笔者的一大进步，现在已经可以打 85 分。

（3）风险控制得到了极大的增强。除非特大行情，像 2007 年股票大牛市那样，否则笔者一直坚持"盈利取出"，即赚了钱就取出来，这个风控措施是最保险的，其他的措施都不保险。只留本金在里面运作，慢慢的本金赚回了之后，那么剩余的利润就相当于 0 成本筹码，操作起来得心应手。

二、三大弱项

（1）开仓要狠一点，加大一点，继续再狠一点，再加大一点。持仓时间再延长一点，刚开始的时候贪婪一点，不到恐惧的时候不要恐惧。平仓可以分两批，平错了也有回旋余地。开仓、持仓、平仓是一套组合拳，笔者已经有了自己的打法，但需要再提高。这个环节的水平提高 1%，整体利润率可以提高 50%甚至 100%。第一次开仓之后的头寸，轻易不动，动则容易有问题。

（2）做趋势，要像鳄鱼那样咬住不放，越咬越紧。做波段投机，要像蛇一样灵动迅猛，一伸一缩，咬到便走！趋势和波段投机的结合再完美一点。目前笔者还做不到无缝衔接，利润可以稳健增长但是增长速度不够大。如果这个衔接再好一点，同样的行情，利润可以扩充到最大，风险还能极低。

（3）多品种运作能力要继续增强。笔者目前在单品种上的能力已经"无敌"。但是在多品种上，有一些细节把控需要增强，因为虽然笔者在所有品种上都有深度投研能力（说白了就是知道运行的方向），但是多品种运作，时间频率不同，周期不同，资金的运用也不同。笔者可以运作两三个品种不冲突，但笔者希望每个账户都可以运作五六个品种，这样的话，无论哪种牛熊一概都能增长，大行情还能高速增长！

第五节　笔者操盘的独家经验

（1）在趋势行情里，任何操作都是错的！在震荡行情里，有水平的人不犯错，挣大钱；没水平的人犯两倍错，被"玩死"！

（2）把趋势当成震荡做，没有错，最多少赚点；把震荡当成趋势做，反复错，要人命。鉴此，可以首先假定所有的行情都是震荡的，先按震荡来操作，除非100%确定转为大趋势行情。这样做，基本不会错，而且提高了效率！

（3）所有的错误交易，其情绪来源都是贪婪，贪婪是万恶之源！管理好贪婪就管理好了心态！

（4）顺势交易建仓点有三个：第一个是新趋势的形成点；第二个是横向震荡显著走向某个方向的突破点；第三个是上涨主趋势的回调点（做多）或下跌主趋势的反弹点（放空）。

（5）顺应趋势，可能会在未来的某一段实现爆发式增长。趋势一旦爆发，就不会是一种线性的发展。它会积蓄力量于无形，最后突然爆发出雪崩效应。任何不愿意改变的力量都会在雪崩前面被毁灭，被市场"狂虐"。

（6）做趋势，要像鳄鱼那样咬住不放，越咬越紧。做波段投机，要像蛇一样灵动迅猛，一伸一缩，咬到便走！

（7）对于那些周期性明显的品种，自身的供需周期和宏观的经济周期以及相关的产业周期形成共振且方向一致的时候，也能产生趋势性的大行情。而且一旦行情发生便不可逆转，比较确定。对于那些下游有 50% 程度的刚需，日常各行各业都用到的工业品，上游的厂商在产能、流通环节有控制力的品种，震荡行情为主流，很难走出大趋势行情，除非产业格局发生本质变化。对于那些政策扭曲、价格体系严重失衡的品种，在政策强力介入的时期，即使价格和政策预期方向一致，也很难有大机会。而一旦政策退出，往往价格急剧向市场回归，就能走出确定性的大行情。对于那些金融属性和宏观属性超强、全球资金深度介入的品种，一旦基于宏观面的逻辑确定，就能走出持续性的超级大行情。对于一些没有刚需、替代性比较强的品种（你贵了我就不买），又是生产量和消费量都不大的小众品种，这样的品种是无法用基本面分析的。它们是用来天然投机的，多时涨上天，各种利好纷至沓来；空时贱如粪土，给谁谁不要！

（8）关于选品种，有两种比较典型的做法：一种是全品种覆盖，即放弃主动选品种，被动接受任何品种的趋势行情或大波动行情；另一种是精选品种，即主动选择品种，主动预判某个品种或某几个品种将出现趋势行情或大波动行情，然后想办法抓到行情。

（9）在震荡市中追涨杀跌是交易者常犯的毛病，特别是在趋势中后期，交易者对市场的趋势能否延续犹疑不定，便总以为每一次短暂的上冲或下跌是新趋势的开始，于是在踏错市场震荡节拍的情况下频繁买卖。而当趋势真正走出时，自己已经被市场的震荡搅得六神无主，心理上已经无法对趋势是否真的出现做出准确判断。

（10）当大行情到来的时候，所有的技术指标都会失效，超买之后再超买、超卖之后再超卖，那才是大牛市和大熊市，不能有恐高症和恐低症，更不能画几条线试图去"撑住"或"压住"价格，一条线能挡住几个涨停板呢？基本面决定着行情的趋势，核心是供求关系，供需矛盾显著时，技术分析的有效性就会大幅减弱。

（11）做期货就是做生意，要以经营的思路来做。比如你认为地产兴旺，基建行业赚钱，那么买进焦炭、铁矿石、铁合金就可以炼钢了。比如你认为食品价格要涨，买进大豆、鸡蛋就好。比如你认为猪肉要涨，买进养猪的饲料豆粕和玉米就好。做期货，要像载重火车那样，装满货物，出站直接到万里外的终点。任何时刻你明白这个道理都不晚，关键是，把握当下。因为，他不是投资，不是投机，是事业，是企业，是经营，是生意！

（12）做期货，要欢迎对手盘，看见反向波动心生欢喜！果断加仓！

（13）做期货定力也很重要。没有定力，看错了会动摇，看对了，行情一波动也会动摇。没有定力，就会导致无谓的进进出出，就会导致没有深思熟虑的换品种，就会导致做多做空方向频繁切换，来回被洗，胡乱止损！从而导致一会儿短线，一会儿长线，乱做一气。没有定力，一定做不好投资。做期货勇气必须要有、目标必须要有、信念必须要有，懦弱绝不能有。做期货要有判断力，要有勇气，要有执行能力，该果断的时候必须果断，除了那些靠背景、权力或不法手段而赚了大钱的人。任何领域包括期货市场，凡是成功者，都具备这样的素质：关键时刻判断力强、重大机会有勇气出手、细节方面执行到位。据笔者的切身体会和对很多做期货的朋友的观察，从自己和别人的成败得失中深刻感悟到的是，"懦弱"绝对不能有！在期货交易中，懦弱比其他任何人性弱点的危害性都要大。笔者看社会上各行业的成功者，有贪婪的、有冲动的、有骄傲的，但绝没有懦弱的，懦弱是成不了事的，特别是对一个男人来说，岂能懦弱？

（14）必须要管住自己的手，严格地选择行情。机会是等出来的，大部分时间在空仓等待，等待产生价值，趋势性机会一旦出现，往往会产生高额回报。当遇到一个明显的趋势，只要交易手法正确，期货投资的风险也很小。如果发现趋势，应毫不犹豫建仓，而假如错判趋势则应及时斩仓，静静地等待下次机会。

（15）基本面研究四要：一是期现价差，比如现货价低、期货价高就做空；二是供需关系，比如供不应求的做多，供过于求的做空；三是仓单数量、外盘指数，比如观察仓单的增减和价格的关系；四是商品内在的逻辑关系。

（16）以一个方向为主（不能轻易翻多、翻空）。先合理仓位，到了重要区域点位（可能反转或者持续）立即降低仓位（甚至到 0），过了重要区域点位之后，进入趋势的主升跌阶段，此时放大仓位，到下一重要区域阶段减仓。

（17）任何一个错误的或者不满意的交易，都可以归结为：一是确定性不够，导致止损或者没进场；二是开仓点不好，后续没法操作。按大类基本可以这么分，而那些小类可以归结在这两大类里。

（18）交易从本质上讲其实是很私人的事情，只有你自己心里明白了才能做。只有练到市场走势在你的面前变得清晰可辨，进出自然，没了纠结，身心放松，才算是交易的最后一层纸被捅破了。但这样的结果必然是在经历了无数的磨难和劫数之后。大道至简，这是最终的归宿，交易如是，人生如是！

（19）不敢重仓的交易不是好交易！

（20）按照规则交易，按照计划交易。计划和规则里最重要的一条是：目标位。不知道目标位的交易容易跑偏！波段目标位和终极目标位都一样重要！

（21）走路步伐慢下来，对于重要的点位、重要的交易，一定提前一天做好计划、做好预案，反复推敲。第二天盘中根本不需大脑，看到预案中的情况直接执行。每个交易日收盘后，要把第二天可能遇到的情况罗列一下，并制定好针对的对策。避免临时性的盘中做决策，该出手时就出手，正是因为你该出手时不敢出手，才导致了后来在不该出手的时候出了手或者该出手时出不了手!

（22）做交易需要集中精力，特别是电光火石那一刹那，刚开始肯定抓不住，时间久了就形成了条件反射!

（23）最佳入场点应该满足两个条件：①风险收益比最高；②产生浮盈的速度最快。风险收益比是交易的核心要素。风险是指你的止损，收益是指你的预期回报。还有就是行情启动的速度，最佳入场时机永远是那些行情即将启动或刚刚启动的时间点。

（24）如果没有在该卖的时候卖出，那么就不能在该买的时候买回。如果不敢在该买的时候买进，那么就无法在该卖的时候卖出!

（25）资金管理就是时机管理。该买一定买，该卖一定卖!

（26）进场之后不到目标位绝对不平仓!

（27）震荡完之后的第二阶段趋势更加猛烈!

（28）用主动管理的心态管理账户。

（29）所有的交易都应该在深入的基本面研究基础上，应该和基本面同方向。

（30）"重剑无锋、大巧不工"，在境界上有了一定的感悟可以做到以慢破快、以静制动、以无极破万象的程度。技术派在无招之后求快，而基本面分析派在无招之后追求的是重剑无锋，沛然之势不可当。

（31）在大空头市场中，价格节节下滑，跌势会越来越猛，因为多方阵营即使心不甘、情不愿，忍耐不住还是得高举白旗投降，砍掉赔钱的仓位，甚至还得放空。而面对大空头市场，大部分多头抱吃岌岌可危的多头仓，其时间拖得越久，到市场最后终于不支持下跌时，跌势会显得越猛，跌幅会越深。

（32）小 K 线进场，大 K 线出场。

（33）交易要注意总结经验教训，也要注意随时清空自己的思想，回归"初心"，只有用最初的本心交易才会收到良好的效果，避免被"锚定效应"遮挡。

注意事项

我们做任何金融投资，都应该交易那些正规交易所的上市的金融品，中国目前只有四大期货交易所——郑州期货交易所，大连期货交易所，上海期货交易所，中国金融期货交易所（上海）。国内的内盘就是指这四大期货交易所。其他任何交易平台，任何公司开设的交易平台都不属于正规的金融系统，应杜绝使用。就好比我们做生意、做贸易，汇款一定要走合法的、国家认可的银行系统，不能走地下钱庄一样。

其他的国外主要交易所也很发达，我们不需要到当地开户，只要在香港的正规期货公司开户，基本上就可以交易所有产品。很多国内的大期货公司也都在香港设子公司可以代理交易。你只要把钱汇到香港即可。一个身份证 5 万美元，或者通过亲友借贷等合法方式，将资金转移到香港的系统。香港是国际自由金融中心，可以买卖全球的各大期货交易所的产品。汇丰银行也有此类业务。

英国的 LME（伦敦金属交易所），全世界的有色金属定价中心，伦铜的走势对全球影响力最大。

芝加哥期货交易所（CBOT）：农产品、玉米、大豆、小麦、豆粕。

芝加哥商业交易所（CME）：木材、生猪，以及大量的外汇、各国股指期货、国债期货。

纽约期货交易所：棉花、可可、咖啡、糖等软商品。

附录1：在大趋势里做短线和超短线的技巧

通过对本书以上内容的学习，你基本上已经知道如何在期货市场赚钱了。只要你用简单的经济逻辑，正常的基本面供求分析，一个成年人应该具备的常识来判断商品期货的方向，你就可以像索罗斯以及美国的几万亿美元对冲基金那样轻松从市场里"提款"了。可以这么说：期货，只要方向搞对了，就一定能赚到钱，至于赚多少，实话实说，每个人的财运不一样，有一点点运气的关系。

那些说期货风险大的人其实是自己"没脑子"，干什么风险小？现在，经营实体经济的风险很大，每天都有几万家中小企业死亡，每隔三五年中小企业可能倒闭遍。经营实体经济企业投进去的钱也许是沉淀成本，拿不回来，你付给员工的工资不可能再收回来吧？开个餐馆的风险比做股票风险大，做股票的风险又比期货大。期货的风险最小，基本是0，因为它有确定性，有确定性和逻辑的东西你怕什么？

做期货只要深入研究，不逆基本面操作，就能保证无风险。大趋势都是基本面决定的，逆大势就是逆基本面。那么在这种基本面交易的过程中，中长线的趋势单一定要守仓不动，这是赚钱的关键。同时可以留出部分资金机动，以保持自己对盘面的敏感，对交易的直觉。

下面笔者介绍几种短线运作的方法：

一、反向波动定点挂单法

2014 年 7 月 3 日，铁矿石反弹到了 720 高位，从绝对价格上来说，可以做空，如图 1 所示。此后，只要过 710 就加一次仓，破 700 全仓进去空，反弹不怕。

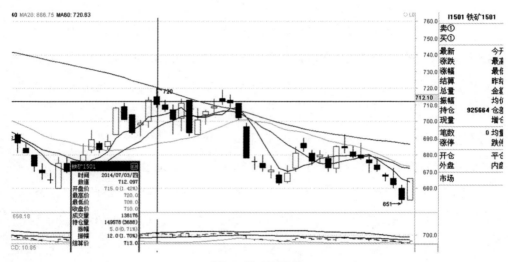

图 1　铁矿石趋势

2014 年 9 月 1 日，白糖合约 SR1501 经过几天反弹到了 4600，如图 2 所示。4600 是做空的绝对安全价格，因为空方的目标是 4000，所以过 4600 就加空。

二、正向波动极点平仓法

CF1501，棉花品种的习惯就是跌两三天，停顿几天。2014 年 9 月 9 日，棉花三连大阴线，下午开盘后创新低 13440，如图 3 所示。

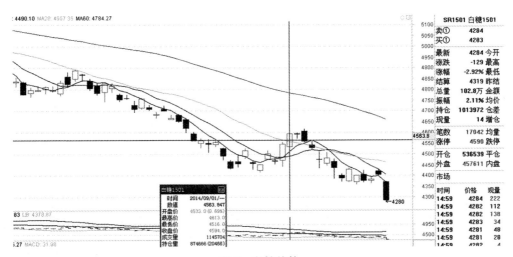

图 2　白糖趋势

于是全部平仓，后来果然最高反弹 400 多点。当日收盘也从下午 13：30 开盘后的大阴线变成了十字星。笔者于 13800 上方再次加满空单，白赚 400 多点。

图 3　棉花趋势

RB1501，2014 年 7 月 24 日，螺纹钢合约大跌（见图 4），考虑到 3000 这个关键位置前面并未跌破，有可能再度企稳反弹，而且大阴线后空方无力，买盘汹涌，于是笔者平了空单。后面果然反弹，白赚 100 多点。

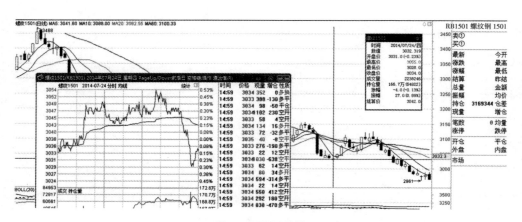

图 4　螺纹钢趋势

三、日内趋势跟随法

2014 年，棉花主力合约 CF1501 只要大跌，在分时上必然走出，开盘后 15 分钟内猛砸，然后横盘的格局，分时线上观察呈现 L 形，这可能是空方主力的操盘习惯（见图 5）。只要敢在横盘的时候加仓即可。

四、日内极值反手法

2014 年 9 月 16 日早盘，大豆合约逆势暴拉 2%（见图 6），当时农产品熊市格局已经 100%确定，大豆丰产已定，所有农产品跌得惨

图 5　棉花趋势

不忍睹，唯有大豆高高在上。多头如此暴拉是给空头送钱的机会，
笔者于是在分时线的横盘处，4690 开空，下午 4610 平空，当日资金
盈利 8%。如此良机万万不可错过。事后证明这是多头做错方向，故
意拉升，想让空头止损，多头已经在高位离场。

图 6　大豆趋势

五、日内震荡操作法

2014 年，笔者是主空棉花 CF1501 的，但是 8 月份棉花进入了震荡时段。于是笔者也进行盘中日内操作，训练盘感。8 月 12 日，开盘后急跌，震荡操作就是买跌卖涨（见图 7）。笔者于是平空买多，多单进场后随即急涨，空头趋势不改，多单纯属训练，于是多单立场，空单加上。

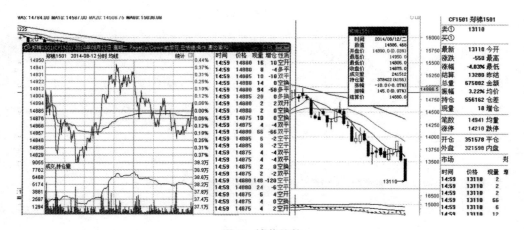

图 7　棉花趋势

附录 2：再论"心态管控"

（1）贪婪与恐惧相比，贪婪是万恶之源。妄想抓住每一个波动，妄想猜测行情短期的运行都是贪婪的典型表现。

做空的时候，越涨越恐惧，越跌越贪婪。一旦上涨，恐惧占据大脑，空单丢弃，甚至反手做多，导致两面"挨耳光"。一旦大跌，又贪婪占据，拼命加仓，成本越来越低，抵抗风险的能力越来越弱。

根据笔者的经验，几乎 100% 错误的操作，细细推究其思想根源，都是贪婪，如果不贪婪，错误交易可以避免 90% 甚至 100%。追涨杀跌是贪婪，到位置该平不平是贪婪，等等。因此我们应该绝对禁止贪婪思想。笔者现在的状态是确保能赚钱，但是赚多少要看运气，不强求。

（2）资金管理不是仓位的轻重，不是品种的覆盖，而是时机的掌握，关键时刻加仓，关键时刻减仓。

操作账户应该专注，在一段时间内比如一年内，专注某一个品种，专注某个品种的某段大行情。绝对不能这山望着那山高，看见别的品种涨得快或者跌得快了，就追进去，丢掉自己原先的头寸，最后什么都没有捞到。

应该怎么办呢？怎么提升资金管理能力呢？应该这样：预期自己重仓的品种将会有停顿、反向波动或者震荡的时间先离场；这个空闲的时间段操作其他品种的瞬间爆发的大趋势。做完之后，自己的主空或者主多品种也差不多休整完了，刚好回到主趋势里。

（3）错过大行情就是犯罪，在大行情里不浮盈加仓，是更大的犯罪。

大趋势行情不是年年都有的，有的十年八年甚至几十年才能碰上一次。因此，绝对不能轻率的、平凡的、隔靴搔痒地对待大趋势行情。首先要重仓，第一次初始开仓就重仓做之；其次要浮盈加仓，突破一个整数位加一次仓，突破一次整数位加一次仓，直到达到预期的目标位全部平仓。能否这么做，是区别小玩家与大玩家、区别小心胸与大心胸的主要标志。过了这个坎，操作 1 次大行情你就能发生根本性的飞跃。

（4）要想不贪婪，就要提高自己的投资研究能力，对各个品种都能判断出确定性。

贪婪的根源其实是不自信，好像错过这个村就没这个店了。很多人都犯这个毛病，因为他们的研究面太狭窄，只能操作一两个品种，最多一两类品种，因此稍微起一点行情就急不可耐，生怕错过。

如果你既能玩转农产品，还能操作工业品，同时又能深度把握宏观品（金银、股指、债券、外汇），同时又对经典的基本金属掌握至深，那么机会是无穷无尽的，只恨钱不够用才对。在这些漫天遍地的确定性机会面前，1 万亿美元都不够，何来贪婪，到处都是确定性机会！

笔者的核心竞争力就是投资研究能力，对各类品种、各个品种都能发现并把握住确定性机会。

（5）情绪总是迅速地从一个极端到另一个极端。

反向波动总是打到散户的止损点再折回，总是打到散户的心理极限点再折回，你快扛不住了，其实他也快扛不住了。这时是关键时刻，高手加仓，散户止损甚至开反手仓。

反向波动到极点后往往接下来就是正向的大趋势，情绪在几天之内惊天大逆转，这种情况笔者经常遇见。唯有多实战，才能更精准地把握住情绪的节奏！

附录3：外盘期货开户（指引）

因为中国的市场散户多，毛刺多，震荡的利害，而外国的市场大部分趋势很好，毛刺少，适合趋势投资。因此，中国人产生了庞大的海外投资的需求。笔者这里也有很多朋友有出海投资的需求。

就股票来说，海外（比如美股）有很多价值股，比如苹果、Facebook、Google、微软可以收股息。就期货来说，海外期货市场流动性大，趋势强，比如2014年的美国大豆、美国豆油，跌就是跌，从来不反弹、不折腾，顺势操作赚大钱。

前提是你海外账户有钱，要是直接有个几百万、几千万美元最好，省得折腾了。如果没有，那就蚂蚁搬家，先在海外银行开好户，比如汇丰、花旗、瑞银、Jo摩根、巴克莱，然后用国内身份证向海外账户转账，一张身份证每年限额5万美元。

钱转账之后你就有了本金了，然后在海外期货公司开个户并绑定（或者存入指定账户，依据合法期货公司的要求）。

在期货公司开户分为两种情况：

一是在当地期货公司开户，比如在美国的美林证券、高盛、花旗银行、瑞银证券、摩根士丹利（国外都是全能金融，一个户口，证券、期货都能炒），英国的大期货公司有巴克莱银行。

二是在中资期货公司的香港子公司开户。比如国泰君安期货

（香港）、中国国际期货（香港）以及浙江的永安期货（香港新永安）。在中资期货公司开户一大优势是服务周到，语言文字你都听得懂、看得懂，作息一致。

国外主要的期货交易所以芝加哥和纽约为主。芝加哥期货交易所（CBOT，以农产品和国债期货见长），芝加哥商品交易所（CME，以畜产品、短期利率欧洲美元产品以及股指期货出名），芝加哥期权交易所（CBOE，以指数期权和个股期权最为成功），纽约商业交易所（NYMEX，以石油和贵金属），国际证券交易所（ISE，新兴的股票期权交易所）。主要的欧洲期货交易所有（EUREX，主要交易德国国债和欧元区股指期货）和泛欧交易所（Euronext，主要交易欧元区短期利率期货和股指期货等）。另外，还有两家伦敦的商品交易所，伦敦金属交易所（LME，主要交易基础金属），国际石油交易所（IPE，主要交易布伦特原油等能源产品）。

一般的，只要在香港的期货公司开户，全球都可以交易。摩根等大行在香港都有分支机构，也可以去国际大行直接开户。